U0110227

種籽文化

種籽文化

一念之間（II）

星雲大師的成功開示

胡可瑜 著

星雲大師說：

「人生在世，莫不希望自己建功立業；不一定要功勳蓋世，
至少能留下立功、立德、立言的『三不朽』事業。」
每個人都希望有功於社會鄉里，可惜很多人急功近利，往往適得其反，功敗垂成。

目錄

前言 13

第一章 成功路的悟道 17

幸運、成功永遠只能屬於勤奮的人、有恒心不易變動的人、能堅持到底絕不輕言放棄的人。事功如此，德業如此。別在生命的盡頭才遺憾自己的生命並未「燃燒」，「人生能有幾回搏」，讓我們盡情釋放自己，做一隻風雨中迎風翱翔的鴻鵠。

大師談成功 18

身無分文，不礙富貴 23
南瓜不說話，只是堅韌地成長 28
誰對時間吝嗇，時間就對誰慷慨 33
專注的力量 38

第二章 成功路的行悟 45

如果說敵人和困難是阻礙我們前進的惡魔，那信念就是壓平惡魔的高山峻嶺。任何圍牆都會懼怕挖掘者的刀鏟，只要你的臂膀不曾失去，你的力氣不曾枯竭，你就能將它徹底推倒，那時你所見的將是整個晴空。

為大事，何懼風雨 46
信心的梯子 50
喜捨，發揮錢財的效用 55

沒人能替你成功 61
機遇，等不來就去開創 70

第三章 人我相處之道 75

星雲大師非常讚許跪射俑，其實大師是在讚揚一種「謙恭」的品質。跪射俑因為跪了下來，所以免遭碎裂的厄運。而人如果能領會跪射俑蘊含的「放低姿態，以退為進」的含義，一樣會在人生的大風大浪中保全自己，自由發揮自己所長。

人生難在人情反覆間 76
為與不為，隨緣而有原則 81
婉拒的魅力 86
柔和的力量 91

以緘默應對是非萬象 96

第四章 成功的財富之道

103

星雲大師說：「人可以窮，心不能窮。心裏的能源取之不盡，用之不竭，會開採心裏的能源，才是真正的富者。」星雲大師相信世人之心皆有寶藏，在他看來，一旦我們發現了內心的強大，發現了自己的潛力何在，我們將會從中得到取之不盡、用之不竭的財富。而那時那刻，成功的大門已經向我們緩緩敞開。

開採心中的財富 104
別在心中畫地為牢 109
播種一顆夢想的種子 114
不要上「看上去很美」的當 119
做不成青松，就做最好的灌木 124

第五章　人人都得學悟空

129

俗話說「海納百川」，很多人將「大海」作為浩瀚胸襟的代名詞，而星雲大師認為人的心是大海與高山都不能比的，「解除心中的框框，把心放空，讓心柔軟，就能包容萬物、洞察世間，達到真正心中萬有，有人有我、有事有物、有天有地、有是有非、有古有今，一切隨心通達，運用自如」。

做一個自知者　130
人人都得學悟空　136
你可以不信，但不必排斥　141
以「捨」醫治「貪」之大病　146
言而無信，則非人　152
生就是一種責任　157

CONTENTS

第六章　對境無貪妄的平常心　161

「對境無貪妄，是名平常心。」這就是星雲大師所說的平常心。宋代無門慧開禪師曾作《頌》詩曰：「春有百花秋有月，夏有涼風冬有雪。若無閒事掛心頭，便是人間好時節。」這種怡然自得的心境，這種日日是好日的灑脫超逸，與星雲大師所言的平常心不謀而合。

心有判斷，不可人云亦云　162

世間哪有十全十美　167

存平常心，做非常人　172

成為大海，則在污穢之川而自清　178

人忙心不忙　183

至善無痕　188

第七章　成功的人生意義　195

現實中，人們常說：「這是在數著日子過嘍」、「如今只有吃喝等死了」……說這種話的人為什麼不去找一些有意義的事做呢？殊不知，真正對有意義的事投入熱情的人，是不會在意時間的流逝的。人的一生可能燃燒也可能腐朽，只有活出生的意義，才能在每一次回憶時，我們的內心中都能不感到愧疚。

人生苦短，把握當下　196
慢的藝術　202
誰在做物質的奴隸　207
不畏，路即在眼前　211
耐煩有恆，即為非常人　216

前言

星雲大師說：「人生在世，莫不希望自己建功立業；不一定要功勳蓋世，至少能留下立功、立德、立言的『三不朽』事業。」每個人都希望有功於社會鄉里，可惜很多人急功近利，往往適得其反，功敗垂成。

星雲大師十二歲出家，不論是酷暑天柔風清涼的晨曦，還是寒冬裏風雪相伴的清晨，每次早課咏誦《楞嚴咒》中「願將身心奉塵剎，是則名為報佛恩」此段時，這個年幼的小沙彌都會在心中暗自發願：「將來，我一定要把全部的身心奉獻於弘法利生。」如今，小沙彌漸漸修成佛家大師，他從中國大陸到台灣，從宜蘭雷音寺到高雄佛光山寺，他積聚眾人的願力，遍弘佛法於五大洲。當年的一個小沙彌成就了不凡的志業。如今，他正用自己的勤奮將佛法光照這個世界，撫慰世界的苦難。

一路走來，荊棘遍地，有快樂也有痛苦，有喜悅也有憂愁，晴天朗日、雨天滴水，都成為一路走來不曾錯過的美麗風景。他將佛法的真諦一點一滴的向世人普及，他把佛門的慈悲與智慧之光灑向芸芸眾生。星雲大師曾說：「我只想盡一點心力，不妄想，不僭越，只想慢慢把弘法利生的事業做起來，直到現在，也從來沒覺得自己做了很多事情，我只想像爬樓梯一樣，一步步往上爬，而非一步登天。」

活了這一生一世，卻未能有所成就，想必是很多人臨死前的遺憾。星雲大師為此深感惋惜。做一個自信、樂觀、勤奮的富人，財富就能積少成多，慢慢的匯聚到手中。而一個充滿自信的窮人也可以很富有，因為他的心並不貧窮，所以他會充滿信心的去創造財富，遲早有一天他也能享受到富人的生活。

星雲大師就是以這樣的心態，一點一點的攀登到了佛教的頂峰，他一生弘揚「人間佛教」，宣導「地球人」思想，對歡喜與融和、同體與共生、尊重與包容、平等與和平、自然與生命、圓滿與自在、公是與公非、發心與發展、自覺與行佛等理念多所發揚。

人一生需要太多的品質盈滿心懷，其中不畏艱險、勇於拚搏、努力爭取是成就一切的先決條件，不曾犧牲和付出，也很難有所得。意外的收穫總是稀少的，耕耘的收穫才是真實可見的，而經過自己的努力得到的成果擺在面前時，才能讓我們發自內心地感到激動和振奮。安貧樂道並不是讓人不思進取，而是讓人以貧困來磨練自我，懂得勤勞耕耘才能收穫；安守本分並不是讓人處處退讓，而是讓人認清自己的能力，找到自己的位置，繼而再接再厲的奮鬥。恰如其分的做自己所能做到的事情，這才是富有秘訣。

本書即是採擷星雲大師的成功悟道，鍾鍊成一本智慧的結集，希望在每個讀者的心中開墾一塊田地，灑上幾顆成功的種子，等待淨蓮綻放的日子。

第一章
成功路的悟道

幸運、成功永遠只能屬於勤奮的人、有恒心不易變動的人、
能堅持到底絕不輕言放棄的人。事功如此，德業如此。
別在生命的盡頭才遺憾自己的生命並未「燃燒」，「人生能有幾回搏」，
讓我們盡情釋放自己，做一隻風雨中迎風翱翔的鴻鵠。

大師談成功

大師開示

人生在世，莫不希望自己建功立業；不一定要功勳蓋世，至少能留下立功、立德、立言的「三不朽」事業。人都希望有功於社會鄉里，可惜很多人急功近利，往往適得其反，功敗垂成。

欲成就事業，既不能急功近利，也不能萬事不放在心上。這兩者都是失敗者病症的糾結所在。

活了這一生一世，卻未能有所成就，想必是很多人臨死前的遺憾。星雲大師為此深感惋惜。人不能過得成功的因素有很多，我們不妨聽聽大師的解釋。大師以一典故做引，引發出眾多不能成功的因素。

有兩個饑腸轆轆的人得到一根釣竿和一簍魚，於是甲要魚，乙要釣竿，然後分道揚鑣。甲生火煮魚，狼吞虎嚥，連魚帶湯吃了個精光，再後來就餓死在空魚簍旁。乙忍饑挨餓，提著釣竿往海邊走去，還沒有到海邊，便使完了最後的力氣，也餓死了。

又有兩個人，同樣也得到一根釣竿和一簍魚。兩人沒有各奔東西，每天合煮一條魚吃，共歷艱險來到海邊，此後以捕魚為業，過著幸福快樂的生活。

常言道：「單絲不成線，獨木不成林。」重重的樹木，互相包容依賴，才能成為叢林。大師感嘆說：「世間無論什麼事，成功的背後必是眾因緣的相互依存與成就。」

沒有人活了一輩子不想有所成就，不想功勳蓋世，流傳不朽之名。不過想要成功是沒有那麼容易的。人作為社會性的動物，相互依存性極強，在成就一切的過程中，必須要有很多助力，或是來自家人的關懷，或是來自朋友、同伴的協助。一個籬笆三個樁，一個好漢三個幫。一個團體做起一件事情，通常都會比一個人單獨做這件事情來得容易。但世人總因為自私而怕別人得到好處，於是搞起獨立自主，即使自己弄得焦頭爛額也不假他人之手，看似孤高，實則愚蠢。星雲大師講這一典故，便是諷喻世人缺乏團結和共用的精神，這是許多人未能有所成就的重要原因。

在大師的眼中，未能成功的人還有許多，例如那些無功受祿的人。沒有功勞而想獲祿，這就如同緣木求魚，除非中大獎，否則不經辛苦怎可功成名就。再者，即便中大獎也未必心安理得，還要整日的防別人覬覦。人生在世，只要能建立功勳，實至名歸，就算有人辜負你，歷史或大眾都不會虧待你；反之，無功受祿的人，如歷代的外戚，靠裙帶關係，縱然受封，別人不服氣，也是無法成功。

再如急功近利的人、貪功起釁、邀功求賞的人，他們都很難有成就。為名利而不擇手段或者變得盲目，這樣的人都很愚蠢，常會遭到別人的妒忌，受到他人的猜疑。而那些居功自傲的人則更危險了，殺身之禍已經上身猶不自知，例如韓信。韓信向漢高祖要求封代理齊王，漢高祖生氣不允，後經張良暗示，靈機一動，改口說：「要封就封正式的，何必要代理呢！」因此封他為齊王，但韓信因此埋下殺身之禍。

另外一種不能成功的人，便是最沒有毅力的前功盡棄者。本來已經付出了巨大的代價，可是到了最後關頭卻放棄，讓之前所有的辛勞付諸東流，實為可惜。所以星雲大師才不得不感嘆說：「能夠謹守功勞也是人生重要的功課。」

在這個世界上，容易成功的人都是那些「有心成就」的人。對於成就的盲目認識和不敢去追求成就的人，都是「無心之人」。以無意做有意之事，所得的通常都是無心之失，想要有成就真可謂春秋大夢了。

身無分文，不礙富貴

大師開示

財富不僅僅是指金錢，我們既有心外的財富，也有心內的財富。外財與內財具有，物質與精神同重，接受與施捨並行，這才是星雲大師眼中真正的富人。

充滿自信、積極向上的人，即使生活艱辛困苦，一樣能快樂無憂；滿腹陰鬱、身纏疾病的人，即使富可敵國，一樣愁眉不展。我們不僅要追求物質財富，同時也要充實自己的精神寶庫。

做一個自信、樂觀、勤奮的人，財富就能積少成多，慢慢的匯聚到手中。而一個充滿自信的窮人也可以很富有，因為他的心並不貧窮，所以他會充滿信心的去創造財富，遲早有一天他也能享受到富人的生活。

有一位貧窮的哲學家，生活潦倒。當他是單身漢的時候，因為沒有錢，只能和幾個朋友一起住在一間小屋子裏。儘管生活非常不便，但是，他一天到晚總是樂呵呵的。

有人問他：「那麼多人擠在一起，連轉個身都困難，有什麼可樂的？」

哲學家說：「朋友們在一塊兒，隨時都可以交換思想、交流感情，這難道不值得高興嗎？」

過了一段時間，朋友們一個個相繼成家了，先後搬了出去。屋子裏只剩下了哲學家一個人，但是他每天仍然很快活。

那人又問：「你一個人孤孤單單的，有什麼好高興的？」

「我有很多書啊！一本書就是一個老師。和這麼多老師在一起，時時刻刻都可以向它們請教，這怎能不令人高興呢？」幾年後，哲學家也成了家，搬進了一棟公寓裏。這棟公寓有七樓，他的家在一樓。一樓在這棟公寓裏環境是最差的，上面老是往下面潑污水，丟死老鼠、破鞋子、臭襪子和雜七雜八的髒東西。那人見他還是一副自得其樂的樣子，好奇的問：「你住這樣的房子，也感到高興嗎？」

「是呀！你不知道住一樓有多少好處啊！比如，進門就是家，不用爬很高的樓梯；搬東西方便，不必費很大的勁；朋友來訪容易，用不著一層樓一層樓的去叩門詢問……特別讓我滿意的是，可以在空地上種些菜和花。這些樂趣呀，數之不盡啊！」

後來，那人遇到哲學家的學生，問說：「你的老師總是那麼快快樂樂，但我卻感到他每次所處的環境並不那麼好呀。」

學生笑著說：「決定一個人快樂與否，不在於環境，而在於心境。」

這位哲學家生活窮困，但是他擁有快樂的心境，因此他永遠樂呵呵的。華服美衫、別墅豪宅都不過是人生的裝飾品而已，而一份快樂自在的心境，憂患時快樂，落魄時灑脫，難道不是一種令人羨慕的富有？

窮人可能沒有很多錢，但擁有健康的體魄、聰慧的頭腦以及明確的志向，這難道不比那些窮得只剩下錢的富人富有嗎？

窮人可能沒有漂亮的妻子，但擁有寧靜的內心，並且執著地相信著單純而美好的愛情。

窮人可能沒有足以炫耀的事業，但擁有不斷攀升、永遠向上的鬥志，永遠有一種自信樂觀的心態，池中之物也可化作飛龍在天。

外財與內財具有，物質與精神同重，接受與施捨並行，這才是星雲大師眼中真正的富人。即使一個身無分文的窮人，也能在達觀的心境中努力的修煉出以上的品德，成為一個真正的富貴之人。身無分文，也不礙富貴，窮人不一定永遠窮困，他們的內心強大，所激發的外力也非同一般，他們一樣能製造財富，與富人並駕齊驅。

南瓜不說話，只是堅韌地成長

大師開示

人生像一場馬拉松賽跑，有耐力能支持到最後的就是成功者；中途脫隊倒下都不行。只要我們有恒心達到目標，比別人慢沒有關係，到終點時一樣會有人為我們鼓掌。

幸運、成功永遠只能屬於辛勞的人，有恒心不易變動的人，能堅持到底、絕不輕言放棄的人。事功如此，德業如此。

有這樣一則小故事：

當世界年紀還小的時候，洋蔥、胡蘿蔔和番茄不相信世界上有南瓜這種東西，它們認為那只是空想。南瓜默默不說話，只是繼續成長。日升日落，斗轉星移，一晃很多年過去了，當世界長成一個大孩子的時候，南瓜已經變成了我們最熟悉的蔬菜之一。

南瓜雖然默默不語，但它耐心地等待成長，最後讓世人都知道了它的存在。耐性與恒心是實現目標過程中不可缺少的條件，是發揮潛能的必要因素。耐性、恒心與追求結合之後，形成了百折不撓的巨大力量。

一位青年人問著名的小提琴家格拉迪尼：「你用了多久時間學琴？」格拉迪尼回答：「二十年，每天十二小時。」

也有人問基督教長老會著名牧師利曼．比徹：「你為那篇關於『神的政府』的著名佈道詞，準備了多久時間？」牧師回答：「大約四十年。」

我們與大千世界相比，或許微不足道，不為人知。但是我們能夠耐心地增長自己的學識和能力，當我們成熟的那一刻、一展所能的那一刻，將會有驚人的成就。

正如布林沃所說的：「恒心與忍耐力是征服者的靈魂，它是人類反抗命運、個人反抗世界、靈魂反抗物質的最有力支持，它也是福音書的精髓。從社會的角度看，考慮到它對種族問題和社會制度的影響，其重要性無論怎樣強調也不為過。」凡事沒有耐性，不能持之以恆，正是很多人最後失敗的原因。英國詩人白朗寧寫道：

實事求是的人要找一件小事做，
找到事情就去做。
空腹高心的人要找一件大事做，
沒有找到則身已故。

實事求是的人做了一件又一件，
不久就做一百件。
空腹高心的人一下要做百萬件，
結果一件也未實現。

擁有耐力和恒心，雖然不一定能使我們事事成功，但卻絕不會讓我們事事失敗。古巴比倫富翁擁有恒久的財富秘訣之一，便是保持足夠的耐心，堅定發財的意志，所以他才有能力建設自己的家園。任何成就都來自於持久不懈的努力，星雲大師告訴世人，把人生看作一場持久的馬拉松。整個過程雖然很漫長、很勞累，但在揮灑汗水的時候，我們已經慢慢接近了成功的終點。半路放棄，我們就必須要找到新的起點，那樣我們只會更加迷失，可是如果能堅持原路行進，終點不會棄我們而去。

也許，我們每個人的心裏都有一個執著的願望，只是一不小心把它丟失在了時間的蹉跎裏，讓天下間最容易的事變成了最難的事。

然而，天下事最難的不過十分之一，能做成的有十分之九。要想成就大事大業的人，尤其要有恒心來成就它，要以堅忍不拔的毅力、百折不撓的精神、排除紛繁複雜的耐性、堅貞不變的氣質，作為涵養恒心的要素，去實現人生的目標。

誰對時間吝嗇，時間就對誰慷慨

大師開示

智者不貴尺之璧而重寸之陰。時間不能增添一個人的壽命，然而珍惜光陰卻可使生命變得更有價值。

誰對時間吝嗇，時間就對誰慷慨。要時間不辜負你，首先你要不辜負時間。放棄時間的人，時間也放棄他。

細細品讀星雲大師的箴言，這句話的意思是，有智慧的人重視寸短的光陰勝過大而美的玉。大師的意思可以領悟為：時間比金錢更珍貴。

「逝者如斯夫！」儒家的偉大先賢孔子曾在河邊這樣感嘆時光的飛逝：「奔流而去的江流是這樣匆忙啊！白天黑夜的不停留。」滾滾東逝的江水是不會再復返的，恰如匆匆而過的光陰不再回來。不管是前人還是後人，有識之士對於珍惜時光的看法都是一致的。時間實在是過於珍貴，任誰苦求也求不來。

時間是無情的，它能讓一個英雄白髮蒼蒼，也能讓一個傾國傾城的美人容顏老去。歲月像一把無情的刻刀，它讓我們每個人的臉上都留有它的痕跡，每個人都成為它的雕塑作品。面對時光我們每個人都顯得那麼渺小，難怪古人常嘆自己是滄海一粟。在看到眼前奔流不息的江水時，人們難免會覺得人生苦短。時間每時每刻都在流逝，就像那從不歇息的流水一樣無情，沒有人能讓它們停下匆忙的腳步。可是，就是這樣的流逝依然不能引起我們的重視，人們在繁忙的生活中，似乎感覺不到「逝者如斯夫」。

從某種意義上來講，人類的歷史就是在時光中建造的，我們每個人的人生也同樣如此，時間能建造一切，也能摧毀一切。面對看似漫長、實則短暫的光陰，如果能毫不拖延地充分加以利用，也能積少成多，做更多的事，從而離成就越來越近。

卡爾．華爾德曾經是愛爾斯金(美國近代詩人、小說家和出色的鋼琴家)的鋼琴老師。有一天，他給愛爾斯金上課時，忽然問他：「你每天鋼琴要練習多久時間？」

愛爾斯金說：「大約每天三、四個小時。」

「你每次練習，時間都很長嗎？是不是有個把鐘頭的時間？」

「我想這樣才好。」

「不，不要這樣！」卡爾說：「你長大以後，每天不會有長時間的空閒。你可以養成習慣，一有空閒就幾分鐘幾分鐘的練習。比如在你上學以前，或在午飯以後，花上五分鐘去練習，這樣彈鋼琴就成了你日常生活中的一部分了。」

十四歲的愛爾斯金對卡爾的忠告未加注意，但後來回想起來覺得真是至理名言，並讓他受益匪淺。

當愛爾斯金在哥倫比亞大學教書的時候，他想兼職從事創作，可是上課、看卷子、開會等事情，把他白天和晚上的時間完全佔滿了。差不多有兩個年頭，他不曾動筆，他的藉口是「沒有時間」。後來，他突然想起了卡爾．華爾德先生告訴過他的話。到了下一個星期，他就把卡爾的話用於實踐。只要有五分鐘左右的空閒時間，他就坐下來寫作一百字或短短的幾行。

出乎意料，在那個星期快結束的時候，愛爾斯金竟寫出了相當多的稿子。後來，他用同樣積少成多的方法創作長篇小說。愛爾斯金的授課工作雖一天比一天繁重，但是每天仍有許多可以利用的短短餘閒。他同時還練習鋼琴，因為他發現每天短短的間歇時間，足夠他從事創作與彈琴兩項工作。

學會對時間吝嗇吧，這樣時間才會對你慷慨。**時間不能增添一個人的壽命，然而珍惜光陰卻可使生命變得更有價值**。你可能沒有傲人的姿色，出色的才能，高貴的出身，但是請你相信，上帝給了你公平的時間。所以，不要豔羨那些富可敵國的人、才華出眾的人，任何人都是時間的產物，榮華可以無限，時間卻是有限；生命雖然有限，精彩可以無限。積極地投入生活吧，你沒有下一個輪迴，你只有現世。別在生命的盡頭才遺憾自己的生命並未「燃燒」，「人生能有幾回」，讓我們盡情釋放自己，做一隻風雨中迎風翱翔的鴻鵠。

專注的力量

大師開示

心無旁騖、別無雜念，是求得技法與創作達到完滿境界的重點。寫作時將自己化作文字，繪畫時將自己融入畫境中，演戲時將自己融入角色悲喜情仇裏……一心一意，忘我的投入，那麼人間萬事「何為二不得」呢？

在學會思考前先讓自己培養一種專注的精神，只有這樣才能心無雜念的潛心於對一個問題的深入研究、分析，瞭解事物最本質的東西。只有專注，才能讓我們的思維變得更加深刻。

對於研習佛法的人來說，心無旁騖，萬念不生是非常重要的。但星雲大師不只局限於這一點，他認為，人間萬事想要修得正果，都需要一心一意的專注精神才可。三心二意是極難成就大事的。事實的確如此，許多事情的成功原因恰恰不是個人能力或者是智慧指數，反而都在於篤定專一。例如太極拳的練成，也在於專注。

凡是修習太極拳的人相信都有這樣的領悟：太極拳鬆活彈抖，符合人體結構，合乎自然之理，令人身心融入萬物之中。太極拳講求避實就虛，以柔克剛，以靜制動，借力發力，主張一切從客觀出發，隨人則活，由己則滯。而太極拳最為精粹的在於它的形散而神不散，在於它眼花繚亂的動作之後的精神的專注。

在一般人看來，太極拳可能在他們的眼中是行雲流水的招式，也可能是亂七八糟的花架子，但是這些都是在表面的觀察，都沒有看到或者參透太極拳的精神實質。在看似散亂的步伐和招式的背面，人的精神是放鬆而專注的。太極拳在實戰中作用得以發揮，達到以柔克剛的功效，就在於人的精神抱守於一，由一點可觀方圓，然後做到「四兩撥千斤」之效。

從太極拳當中，我們能深刻領悟心無旁鶩、一念不起，最後達到完滿境地的境界。其實，在人生之中，如果你用專注之水澆灌你的人生之樹，它往往會生長得枝繁葉茂，回報給你濃濃的樹蔭和累累的碩果。幸福總是青睞那些篤定的人。

有一次，羅丹和他的一位奧地利朋友一起來到羅丹的工作室。在那間有著大窗戶的簡樸的屋子裏，有完成的雕像，也有許多沒有完成的作品，這間屋子是羅丹一生不斷的追求與工作的地方。

羅丹罩上了粗布工作衫，就好像變成了一個工人，他在一個台架前停下。

「這是我的近作。」他說著，把布掀開，現出一座女正身像。

「這已完工了吧？」朋友說。

羅丹退後一步，仔細看著。但是在審視片刻之後，他低聲說了一句：「就在這肩上線條還是太粗。對不起……」

他拿起刮刀、木刀片輕輕滑過軟和的黏土，給肌肉塑造一種更柔美的光澤。他健壯的手動起來了，他的眼睛閃耀著。「還有那裡……還有那裡……」他又修改了一下。他把台架轉過來，含糊地吐著奇異的喉音。他時而高興的眼睛發亮，時而苦惱的蹙著雙眉。他捏好小塊的黏土，黏在雕像身上，再刮開一些。

羅丹已經完全融入自己的雕塑世界，外界的一切好像已經對他失去了任何意義。這樣過了半點鐘，一點鐘……他沒有再向他的奧地利朋友說過一句話。他忘掉了一切，除了他要創造的更崇高的形體的意象。他專注於他的工作，猶如在創世之初的上帝。

最後，帶著喟嘆，他放下刮刀，像一個男子把披肩披到他情人肩上那樣溫柔的把布蓋上女正身像。他轉身要走，在他快走到門口時，他看見了朋友。這時他才記起朋友來，他顯然為他的失禮感到不好意思：「對不起，我完全把你忘記了，可是你知道……」

朋友握著他的手，也許他已領悟朋友所感受到的，因為在他們走出屋子時他微笑了，用手搭著朋友的肩膀。

羅丹正是出於對自己工作的熱愛、完全的投入，以及一種對自己負責的使命感，才得以在人類的美術史上留下濃墨重彩的一筆，他成為繼米開朗基羅之後雕塑史上的又一座豐碑。

面對外界的紛繁複雜的誘惑，許多人難以把持住自己，不由自主地縱身躍入了慾望的深淵，難以自拔。生命有限，人的一生只有一回，時過境遷，生命不能從頭再來。所以如果沒有專注去成就一些事情，那麼你會發現你的人生總是在不同的慾望和目標前漂移，最後什麼都沒有留下。

第二章 成功路的行悟

如果說敵人和困難是阻礙我們前進的惡魔，

那信念就是壓平惡魔的高山峻嶺。

任何圍牆都會懼怕挖掘者的刀鏟，

只要你的臂膀不曾失去，你的力氣不曾枯竭，

你就能將它徹底推倒，那時你所見的將是整個晴空。

為大事，何懼風雨

大師開示

如果說敵人和困難是阻礙我們前進的惡魔，那信念就是壓平惡魔的高山峻嶺。只有不懼承擔、不畏犧牲，最後取得的成功才是激動人心的。

如果說敵人和困難是阻礙我們前進的惡魔，那信念就是壓平惡魔的高山峻嶺。任何圍牆都會懼怕挖掘者的刀鏟，只要你的臂膀不曾失去，你的力氣不曾枯竭，你就能將它徹底推倒，那時你所見的將是整個晴空。

人一生需要太多的品質盈滿心懷。其中不畏艱險、勇於拚搏、努力爭取是成就一切的先決條件，不曾犧牲和付出，也是很難有所得。意外的收穫總是稀少的，耕耘的收穫才是真實可見的，而經過自己的努力得到的成果擺在面前時，才能讓我們發自內心地感到激動和振奮。

唐朝鑒真大師是江蘇揚州人，他飽讀經論，弘揚佛法，深為當時百姓所敬重。有兩名日本僧人榮叡和普照，久仰鑒真大師的盛名，特地渡海來請大師前往日本弘法。大師欣然應允。許多弟子勸他不要貿然前往，以免遭遇不測，他說：「為大事也，何惜生命！」但是，幾度揚帆都未能成功，困在海中孤島兩年，大師雙目失明。此時，他越發覺得弘揚佛法於海外的事業「捨我其誰」，因此越挫越奮，再接再厲。

經過十二年的艱苦嘗試，鑒真大師終於在第六次航行圓滿東渡。到日本宣揚佛法，將諸多經書帶去了日本，將中土博大精深的佛家思想傳遍東洋，大大地促進了日本佛學的發展。而鑒真大師之名也在日本千古流傳。

通往成功的道路通常都是艱巨的，絕不可能唾手可得。生活中的苦澀，使人失望流淚；漫漫歲月的辛苦掙扎，催人衰老。沒有百折不撓的意志，難以應對人生中的種種磨難。修行佛禪也好，成就人生也好，始終都要從困境裏掙脫出來，最後臻至化境，所以星雲大師才說，經歷了犧牲和承擔得來的成功，才是激動人心的。

一個日本和尚要翻越重洋和高山，到中國唐朝學習禪學。有人對和尚說，到中國的路途太遙遠，危險太多，萬一你回不來怎麼辦？和尚說：「男兒立志出鄉關，學不成名死不還。埋骨何須桑梓地，人生無處不青山。」到外地留學，學不成的話就死在他鄉，這是何等的追求精神。沒有一顆堅忍的心，和尚如何能學成？

據說唐朝時期，日本派往中國留學的人有數千人，他們在長安刻苦學習數十年，大部分都因學習過度而累死在中國，順利回國的人很少。但他們將中國的文化精華全部傳送到了日本，為日本文明的發展做出重要貢獻。

也許你不比別人聰明，也許你有某種缺陷，但你卻不一定不如別人成功，只要你多一分堅持，多一分忍耐，就能夠度過困境，成就他人所不能。山洞的開鑿、橋樑的建築、鐵道的鋪設，沒有一個不是靠著人性的堅忍建成。

我們並不一定總是能做成大事，也不一定總能成為行業的精英。但是我們有兩隻可以跋山涉水的腳，有一雙可以抓住樹枝、攀住石頭的手。行路雖難，但只要有毅力、有決心，敢於擔當自己的責任，盡自己所能的為事業、為人生拚搏，全力以赴去守護我們所愛的一切，我們就不會感到寂寞和痛苦。為大事，何懼風雨？

信心的梯子

大師開示

信心如瓔珞，使我們內外莊嚴；信心如手杖，使我們行進無憂。信心是我們永遠的朋友，千金不移，患難與共，與我們生死偕伴。

信心使無情豆子跳動，看似神奇，其實信心的感應比比皆是。它使柔弱的人得到強壯，它使貧窮的人感到富足，它使絕望的人重見生機，它使哭泣的人聽聞喜樂的召喚。

星雲大師總是以慈悲之心，安撫那些向他求助之人的心。在颱風襲擊台灣南部的時候，大師庇護了千餘災民，向他們廣傳佛法，以佛偈開導災民，讓他們重拾建設家園的信念。在大師看來，信心可以讓人變得莊嚴、無憂，讓人能夠意志堅定、得人信賴。信心的確不容人小覷。

有人說，一個對自己有信心的人，能帶給別人信心；已經信服的人，方能使人信服。對於凌駕於命運之上的人來說，信心是命運的主宰。如果將人比喻為風箏，信心則是那又弱又細的風箏線，很容易拉斷，但它也能將你拋向高空，使你自由飛翔。信心也是一種境界，有信心的人不會輕易沮喪。

愛默生說：「這世界只為兩種人開闢大路：一種是有堅定意志的人，另一種是不畏懼阻礙的人。」他又說：「那些緊驅他的四輪車到星球上去的人，比在泥濘道路上追蹤蝸牛行跡的人，更容易到達他的目的。」

的確，一個意志堅定的人，是不會恐懼艱難的。儘管前面有障礙物，也不能阻止他。意志堅定的人會排除這個障礙物，然後繼續前進。儘管路上有使人跌倒的石頭，但它只能使他人跌倒，不能阻止他再爬起來。意志堅定的人，行進時腳跟步步踏實，石頭也奈何不了。

如果每個人能夠擁有堅定的力量，就能主動的去把所希望的東西牢牢的把握，然後朝著理想目標艱苦不懈地努力，那麼，他一定可以排除萬難，達到理想的最高峰。

一位撐竿跳選手，一直苦於無法超越一個高度。他失望的對教練說：「我實在是跳不過去。」

教練問：「你心裏在想什麼？」

他說：「我一衝到起跳線時，看到那個高度，就覺得我跳不過去。」

教練告訴他：「你一定可以跳過去。把你的心從竿上撐過去，你的身子就一定會跟著過去。」

他撐起竿又跳了一次，果然一躍而過。

我們每個人都是人生中的一個撐竿跳選手，而我們一次次跳不過的是「我不能」的精神障礙。**一個人可以沒有資本，可以沒有地位，但不能沒有信心。**如果連信心都沒有，這個人不會有所成就。相反，如果擁有堅強的信心，即使現在身陷低位，也只是暫時的，堅強的信心終究會為他帶來成功。

很多人的「我不能」並非客觀原因，而是因為自卑而貶低了自己的能力，才使得自己信心全無、毫無鬥志。這些人誇大了自己身上的缺點。

如果你認為自己滿身是缺點；如果你自認為是一個笨拙的人，是一個總是面臨不幸的人；如果你承認自己絕不能取得其他人所能取得的成就，那麼，你只會失敗。通常，一個人成功的最大的敵人就是自卑。絕大多數人的失敗都是源於沒有自信。

如果給予一個總是說「我不能」的自卑者自信，開導他不要陷入自我貶低的泥潭，讓他相信會有光輝燦爛的前途，那麼他就一定能成為卓越的人才。對他不斷進行訓練，就可以使他充滿自信。這種堅強的自信心不僅能增加他的勇氣，同樣也能提高他其他方面的能力。

卓越者從不會說「我不能」，他們總是用自信去激發自己的潛能。這就是為什麼一個信心十足但看似平凡的人所取得的成就，往往比一個具有非凡才能但自信心不足的人，所取得的成就大的原因。只有善用信心這把梯子在人生的山峰中攀爬，你才能到達人生的最高峰，享受成功的歡樂。

喜捨，發揮錢財的效用

大師開示

金錢，要能接受，也要能喜捨，用去的錢財才是自己的，不用，再多的錢財，最後還不知是誰的。

人，從出生到死亡，不過是「赤裸裸來去無牽掛」，在生命的過程中，如果只想著做一個守財奴，那麼賺再多的錢也是沒有任何意義，它只是暫時聚集在你這裡，死後不知又成了誰的枷鎖，因此不如捨去，換取世人更多的溫暖。

《聖經》中有這樣一句話：「人降臨世界的時候，手是合攏的。」似乎在說：「世界是我的。」他離開世界時手是張開的，彷彿在說：「瞧，我什麼都沒有帶走。」可見世間的道理大多都是相通的。人赤裸裸的來去，無牽無掛，既不帶來什麼，也不帶走什麼。古希臘橫行天下，征服大半個天下的亞歷山大大帝死的時候，在棺材兩側各挖一個洞，將手伸出來，表明他也是兩手空空走向死亡的。

所以每個人在活著的時候對名利和財富牽掛異常，到死都不肯放手，但事實上，死後的名利錢財已不再屬於自己，那麼活著的時候吝嗇物質上的付出又有什麼意義呢？在這裡並不是告訴我們，在活著的時候不去享受物質，非要把千金散盡，而是我們對待財物的態度要自然一些，不要太吝嗇。

金錢和財富雖然美好，常讓我們對其趨之若鶩，不遺餘力地追求。不過，金錢不是萬能，財富也未必總能讓人快樂，只有超越其存在，才能享受人生。

星雲大師告訴世人，真正的金錢觀，是要對金錢等物質上的東西喜於接受，也喜於付出。

有位信徒對默仙禪師說：「我的妻子貪婪而且吝嗇，對於做好事行善，連一點兒錢財也不捨得，你能慈悲到我家裏來，向我太太開示，行些善事嗎？」

默仙禪師是個痛快人，聽完信徒的話，非常慈悲地答應下來。

當默仙禪師到達那位信徒的家裏時，信徒的妻子出來迎接，可是卻連一杯水都捨不得端出來給禪師喝。於是，禪師握著一個拳頭說：「夫人，妳看我的手天天都是這樣，妳覺得怎麼樣呢？」

信徒的夫人說：「如果手天天這個樣子，這是有毛病，畸形啊！」

默仙禪師說：「對，這樣子是畸形。」

接著，默仙禪師把手伸展開，並問：「假如天天這個樣子呢？」

信徒夫人說：「這樣子也是畸形啊！」

默仙禪師趁機立即說：「夫人，不錯，這都是畸形，錢只能貪取，不知道佈施，是畸形；錢只知道花用，不知道儲蓄，也是畸形。錢要流通，要能進能出，要量入而出。」

握著拳頭暗示過於吝嗇，張開手掌則暗示過於慷慨，信徒的太太在默仙禪師這麼一個比喻之下，對做人處世、用財之道，豁然領悟了。

握著拳頭，你只能得到掌中的世界，張開手掌，你能得到整個天空。

有的人過於貪財，有的人過分施捨，這都不是禪道裏所講的財富觀。吝嗇、貪婪的人應該知道喜捨結緣是發財順利的原因，因為不播種就不會有收成。佈施的人應該在不自苦、不自惱的情形下去做，同時也別忘了是在自己力所從心的情況下幫助別人，否則，就不是純粹的施捨。

在現代社會，許多有錢人都樂善好施，對金錢可以慷慨拋擲。他們認為，錢財並不總是給他們快樂，而散財、做慈善事業，反而讓他們找回了幸福感。

這是一種正確的金錢觀和佈施方式。

身為億萬富翁的鋼鐵工業巨頭安德魯．卡內基認為：發財致富的目的在於散財。當年他一貧如洗時，一位富翁曾對他以友相待，讓他自由借閱私人藏書。卡內基發跡後，便大筆大筆地捐款，興建世界最大的免費借閱圖書館系統。

朱利斯．羅森沃爾德將慘澹經營的西爾斯．羅巴克公司，從破產的邊緣挽救過來，現在已將其發展成零售業巨人。如今，他正負責發展和改進鄉村代理人體系及四健會（原美國農業部提出的口號，旨在推進對農村青少年的農牧業、家政等現代科學技術教育）。他的奮鬥目標是實現美國鄉村地區的繁榮和教育現代化。

對於一般的人來講，雖然沒有大筆的財富，但也不必要為了金錢而變得錙銖必較。錢財是為了讓自己的日子越過越好，而不是讓自己變得越來越提心吊膽，或者終日汲汲而求。在這個世界上，只有被自己用出去的錢財才是自己的，那些被我們牢牢攥在掌心的財富如果得不到運用，到最後也不可能為我們所擁有。

沒人能替你成功

大師開示

諺語說：「黃金隨著潮水流來，你也應該早起把它撈起來！」世間上沒有不勞而獲的成就，萬丈高樓平地起，萬里路程一步始，生死煩惱，別人絲毫不能代替分毫，一切都要靠自己啊！

卡萊爾曾經說過：「智者一切求自己，愚者一切求別人。」「一切靠自己」永遠是成功的不二法則。蝗蟲遍地之時，毅然離開佛前，第一個品嚐了油炸的「天蟲」，唐明皇告訴我們治蝗災要靠自己。「流自己的汗，吃自己的飯。」鄭板橋告誡兒子，生活要靠自己。一切成功的美談背後都包含著一個不變的真理：「靠天，靠地，不如靠自己！」

星雲大師以無限慈悲心度世間有情眾生，在講到靠自己時，他提到了一個禪宗故事：

有一次，道謙禪師與好友宗圓結伴參訪行腳，宗圓不堪旅途之苦，幾次鬧著要回去。

道謙禪師於是安慰他說：「我們已發心出來參學，而且也走了這麼遠的路，現在半途放棄實在可惜。這樣吧，從現在起，一路上如果可以替你做的事，我一定為你代勞，但只有五件事我幫不上忙。」

宗圓問道：「哪五件事？」

道謙答道：「穿衣、吃飯、屙屎、撒尿、走路。」

聽了道謙的話，宗圓大悟，從此再也不喊辛苦。確實，生死煩惱，別人絲毫不能代替，只有靠自己，才能有所收穫，而面對收穫也會心安理得。

無論是學佛，還是做成其他事，都不能像武俠電視劇裏所演的靠高人灌輸給自己幾十年的「功力」，也不能靠吃靈藥或仙丹。任何外在的力量都無法從根本上改變你的命運，因為只有人自己才是最有威力的法寶。

從前有座山，山上有座廟，廟裏有個小和尚。山叫無量山，廟叫無音廟，小和尚叫無名和尚。

這無名和尚，別看他年齡小，在無音廟裏的輩分卻不低，據說曾得到佛祖的指點。

無名和尚很小的時候，就在無量山的前坡放牛，每天騎在牛背上，唱著小曲，自由自在。突然有一天，遇到一個紫色臉的白眉羅漢，用手指著他問：

「小孩，你叫什麼名字？」

放牛郎搖了搖頭。

白眉羅漢來到他跟前，對他說：「我看你相貌奇異，悟性一定不差，想給你起個法號，也算你的名字了，好嗎？」

放牛郎點了點頭，那白眉羅漢就說：「你就叫無名吧！我送你一個藍色寶盒，你想得到什麼就能得到什麼。」說完，就一溜煙不見了。

無名回過神來，手上已經握著一個閃閃發光的藍色寶盒。

小無名很想試一試寶盒的魔力，就說：「寶盒，我想吃一頓美味的佳餚，可以嗎？」

不久，他眼前出現了一道藍色光環，像一條綢緞，藍色寶盒自動飛到綢緞的盡頭，落在前邊不遠處的草地上。

小無名急忙從牛背上跳下來，追到藍色寶盒的跟前一看，啊！這麼多好吃的，還冒著熱氣呢！

小無名飽飽地吃了一頓，一直吃到太陽快要落山的時候，撐得他挺不起腰來。

他慢慢的從草地上爬起來，望了望那邊山坳裏的茅草屋。他從小就沒有了爹娘，每天就在那個茅草屋睡覺。颳風下雨的時候，又濕又冷。他想有間堅固的漂亮點的房子，就對藍色寶盒說：「兄弟，你還是再辛苦一下吧，我想有間房子。」

藍色寶盒從地上飄了起來，貼著草尖緩緩地向前面飛去。一條小路的盡頭，立刻呈現了一座漂亮的屋舍，屋舍兩邊還各有一個大大的牛棚。

小無名立刻歡跳著進了自己的家，紅磚綠瓦，特別的氣派和漂亮。

小無名將牛群趕進牛棚，天色已晚，他來到臥室，躺在柔軟舒服的鵝毛墊上就迷迷糊糊地睡著了。

迷糊中，只見白眉羅漢來到他的床前，對他說：「無名，你一定要記住：要善用寶盒，儘快領悟成功的意義，不然，你就會喪失已經擁有的一切。」

第二天早上醒來，小無名急忙尋找藍色寶盒，卻發現它就在枕頭旁邊。

他拿著寶盒說：「兄弟，昨天晚上，我做了個夢，白眉羅漢讓我儘快領悟成功的意義，你能說話嗎？能告訴我嗎？」

藍色寶盒閃過一道藍色的光環，一張圖畫飄到床頭，上面什麼也沒有，只畫了一個人在田間正低頭播種。

小無名想了想，還是不明白。

藍色寶盒又閃過一道藍色的光環，又一張圖畫飄到床頭，小無名急忙展開一看：一條彎彎的沒有盡頭的大道上，一個小孩、一個小夥子還有一個老頭正專心的朝前走著。

小無名似乎明白，又似乎不明白，他反覆看著這兩張圖，仍然一臉疑惑。

「我想長大成人！明白許多的道理。」小無名急了。

突然之間，小無名成了一個英俊的青年。

「我想有個漂亮的媳婦！」

藍色寶盒開始吱哇吱哇地叫，不過藍色光環處，還是出現了一位絕代佳人，正嫵媚地朝無名笑呢！

無名高興極了，藍色寶盒終於能休息一會兒了。

從此，無名帶著他漂亮的妻子一起放牛，一起唱歌，日子過得無比快樂。就這麼過了一個多月，無名沒有再去想那個煩人的問題：什麼是成功的意義，管他幹嗎？很快就到了雨季，一連幾天的大雨，堵了門，無名無法再出去放牛了。

他躺在床上，突然想到冬天牛群吃的草還沒貯備呢！

他轉頭就對藍色寶盒說：「兄弟，我再求你一次，你想個辦法，讓我不用再操心，不用再勞累，不用再做事，好嗎？」

奇怪，這次寶盒居然沒有理他，他拍了寶盒一下：「聽見了沒有？兄弟！」

藍色寶盒終於開口說話了：「聽見了，但你從現在開始，就不再是我的主人了！」

「為什麼？」

「因為無名就是不斷的盡心做事，你這樣想，當然就不是無名了，也當然不是我的主人了。」

「不！不！我還要當無名！兄弟，你不要走啊，不要離開我！」

「你想重新成為無名，就必須到後山坡的無音廟修身養性三百年，再好好領悟成功的真諦，到時候我還會來的。」

眨眼間，藍色寶盒消失了，漂亮的妻子消失了，房屋也消失了……

第二天，無量山的無音廟多了個和尚，名字叫無名。

能夠讓無名得到幸福的，不是藍色寶盒，而是他自己。

坐享其成是人性的弱點，誰都想不勞而獲，都想撿到天上掉下來的禮物，但是過於依賴別人，總有一天，會掉進地上的陷阱。因此說，靠天、靠地，不如靠自己。

人生是一條船，成功靠我們自己掌握航向；人生是一塊待耕的土地，成功需要我們付出辛勤的汗水；人生充滿艱難險阻，成功需要我們有堅強的毅力和無比的信念。我們要靠著一雙手，打出屬於自己的一片天；我們要靠著一雙腳，走出自己的一條路。

機遇，等不來就去開創

大師開示

機會在心裏，在能力裏，在理想裏，在結緣裏。星雲大師說：「機會不是完全靠別人給予，也不會有上天賜予，機會還是要靠自己創造。」

聰明的人不會把光陰消耗在無謂的等待中，他們總是能夠在過程中尋找到恰當的時機和方式，從而將一切推向高潮或導向更完美的福地。

仔細體悟星雲大師對於機遇的解釋，我們不難發現，大師認為得機遇既需要緣分，也需要個人能力來支援，需要個人去樹立理想，主動爭取機遇，取得成功。其實，對於有理想有抱負的人來說，都渴望得到很好的發展機遇，因為好機遇不僅是通向成功的起點，更是每個人獲得快樂心情的契機。但是機遇「千載難逢，萬劫難遇」，所以大師才敬告世人，不要光顧著等待機遇，也別忘了去開創機遇。

機遇的消亡來自於人們的懶惰和等待，「守株待兔」的事情並不會每天都發生。人生是由一個個機遇組成，而人卻常常在拋棄一個個機遇。因此想要有一番成就，創造一段精彩的生命歷程，就必須要主動去為自己爭取出路，抓住那些讓自己施展拳腳的機會。

古諺說得好：「機會老人先給你送上它的頭髮，當你沒有抓住再後悔時，卻只能摸到它的禿頭了。」一個人有學富五車的學問，有統帥眾人的才幹，也要有合適的機遇讓他展現，否則他也不過是碌碌無為的庸才之輩。在通往失敗的路上，處處是錯失了的機會。那些坐待幸運從前門進來的人，往往忽略了幸運也會從後窗進來。只有敢於衝鋒、主動進攻的人，才能發覺並抓住勝利的先機，因為人生當中，並不總是存在掉到等待者頭上的機遇之果。

一位探險家在森林中看見一位老農正坐在樹樁上抽煙斗，於是他上前打招呼說：「您好，您在這裡做什麼呢？」

這位老農回答：「有一次我正要砍樹，但就在這時風雨大作，刮倒了許多參天大樹，這省了我不少力氣。」

「您真幸運！」

「您可說對了，還有一次，暴風雨中的閃電把我準備焚燒的乾草給點著了。」

「真是奇蹟！現在您準備做什麼？」

「我正等待發生一場地震把土豆從地裏翻出來。」

老農是一個坐等機遇者。好運有時候會光顧他，但不可能永遠都是，他坐在樹墩下不過是在浪費時光。而探險家則是一個主動尋找機遇者，機遇出現就會一鳴驚人，成為響噹噹的成功者。二人的高低不言自明。

偉大的成就永遠屬於那些擁有奮鬥精神的人，而不是那些一味癡等的人。良好的機遇完全在於自己的創造。如果你以為個人發展的機遇在別的地方，在別人身上，那麼一定會遭到失敗。機遇其實就在每個人的人格之中，正如未來的橡樹包含在橡樹的果實裏一樣。

星雲大師說：「機會不是完全靠別人給予，也不會有上天賜予，機會還是要靠自己創造。」

智者所創造的機遇，要比他所能找到的多。正如櫻樹那樣，雖在靜靜地等待著春天的到來，但它卻無時無刻不在養精蓄銳。人在待機之時，不能放鬆養精蓄銳的累積，還要時時窺測方位，審時度勢，以利於自身發展。機遇這東西稍縱即逝，好運也不是常常都有，人們只是去發現它遠遠不夠，還要懂得利用它，同時為自己製造更多的機遇。我們應有這樣的意識，機會並非均等，它出現的機率也是未定，但強者往往能夠依靠自己的能力穩穩地把握住生命的航向，為自己拓展一條更好的出路。生活長久，機運一時。行動宜速，享受宜緩。機遇是一次次偶然的爆發，更是一次次勇敢的開創。

第三章 人我相處之道

星雲大師非常讚許跪射俑，其實大師是在讚揚一種「謙恭」的品質。

跪射俑因為跪了下來，所以免遭碎裂的厄運。

而人如果能領會跪射俑蘊含的「放低姿態，以退為進」的含義，

一樣會在人生的大風大浪中保全自己，自由發揮自己所長。

人生難在人情反覆間

大師開示

行路難，不在水不在山，只在人情反覆間。做到方中有圓，圓中帶方，就可以得到練達的人際關係，不因人情反覆而煩惱。

「世事洞明皆學問，人情練達即文章」。良好人際關係雖然難以營造，但並非無跡可尋。只要做人處世通達時務，能方則方，能圓則圓，方圓兼濟，那麼想要得人心又不失氣節，應該不是難事。

人生如同下一盤棋，黑白之間蘊藏著無限的玄機。如果你想做這盤棋中的勝者，那麼，你需要花點時間，細細思索自己的這盤棋該怎樣下，你打算怎樣過完這美妙的一生。下棋，需要精心謀劃，否則，「一著不慎，全盤皆輸」。世事如棋，人生更需要謀劃，否則，一失足而成千古恨，落得個失敗的下場。重要的是一盤棋下輸了，還可以從頭再來；而做人一旦一敗塗地，東山再起談何容易。

做人並不是說的那樣簡單，下好一盤人生的棋是難之又難，那麼這盤棋該如何下呢？首先我們必須要認清每顆棋子的作用，知道它們之間相互牽制的規律。如果把棋盤還原到現實生活中，那麼橫縱方格就是一個人的交際網，棋子就是我們接觸到的形形色色之人，棋子之間的關係就是人際關係。如果我們善用棋子之間的聯繫，自然就容易營造贏棋的盤面。

然則，星雲大師也說，營造良好的人情和人際關係，實在是難上有難啊。

自古相當善於營造人際關係的人不在少數，其中徽商胡雪巖尤為著名，不妨看看他的為人方式，或可從中領悟一些處理人際關係的方法。

胡雪巖是十九世紀七、八十年代的中國商界名人，他的一生可謂一段傳奇佳話。他從錢莊一個小伙計開始，透過結交權貴顯要，納粟助賑，為朝廷效力，籠絡人心。幾經折騰，很快便由錢莊伙計一躍成為當時顯赫一時的名商。他構築了以錢莊、當鋪為依託的金融網，開了藥店、絲棧，既與洋人做生意，又與洋人打商戰。雖然胡雪巖的一生功過是非褒貶不一，但不可否認的是，胡雪巖的成功要歸功於他極善於營造良好人際關係的才能。

左宗棠上位之時管轄安徽，軍費開支困難，戰士貧困疲憊，餓死及戰死者眾多，令左宗棠苦惱無比。那時剛剛嶄露頭角的胡雪巖急於尋找靠山，於是立刻對左宗棠雪中送炭，在戰爭環境下，於三天之內籌齊十萬石糧食給左宗棠。左宗棠見他果然非池中之物，對他委以重任。在深得左宗棠信任後，胡雪巖常以亦官亦商的身分往來於寧波、上海等洋人聚集的通商口岸間，結交了許多名商貴賈，也籠絡了不少人才。他不但將官府打點明白，同樣結交市井黑道中人。又因他做生意重信守諾，被民間廣為讚頌。

後來胡雪巖因得罪朝廷，被慈禧太后拉下馬，但破產的他依然得到很多人的愛戴。

胡雪巖人生的這盤棋，結局雖然不圓滿，但他步步為營，下得穩紮穩打，即使最後不能完勝，卻也並非完敗。韓非子的《說林．下篇》中有這樣一句話：「刻削之道，鼻莫如大，目莫如小，鼻大可小，小不可大也，目小可大，大不可小也。舉事亦然。」此段話的意思就是說，工藝木雕所需要注意的要領，首先在於鼻子要大，眼睛要小。鼻子雕刻大了，還可以改小，如果一開始便給刻得小了，那麼以後就沒有什麼辦法補救了。而眼睛雕刻小了，還可以改大，如果一開始刻大了，則無法補救。人生的道理與雕刻是相通的，給自己留有足夠騰挪的空間，才能將生活過得盡善盡美。而人的騰挪空間，就是廣泛的人情關係。

人情關係雖然難以營造，正如星雲大師所言，它比登高涉水難得很多。但是多留幾分心眼，時刻懂得籠絡人心，不輕易得罪他人，同時又不失氣節，保持內心的操守。做到方中有圓，圓中帶方，就可以得到練達的人際關係，不因人情反覆而煩惱。

為與不為，隨緣而有原則

大師開示

人我相處之道重在隨緣，但在有利害得失之前，則要能「不變隨緣」，凡事能有所為，有所不為。

雖然現代社會厚黑學、潛規則大行其道，但正直等品格還是一個人為人的根本。自古以來，受人愛戴，被人傳頌的依然是那些擁有正義感，知道何事當為，何事不當為的人。如吟唱「天地有正氣，雜然賦流形」的文天祥；慨吟

「我自橫刀向天笑，去留肝膽兩崑崙」的譚嗣同；書寫「橫眉冷對千夫指，俯首甘為孺子牛」的魯迅，他們都被稱為中國的脊樑。

孔子曾說：「富而可求也，雖執鞭之士，吾亦為之；如不可求，從吾所好。」孔子所謂的「求」，不是「努力去做」的意思，而是「想辦法」。如果是違反原則去求來的，是不可以的，所以他的話中便有「可求」和「不可求」正反兩個的道理，「可」與「不可」是指人生道德價值而言的。如果富可以不擇手段去求得，這個富就不符合正統的道理，所以孔子說「不可抗」。他認為一個人做什麼並不重要，關鍵在於他能否堅持自己內心的良知，內心是否有一個「可」與「不可」的原則。

一個品性正直的人，無論在什麼時候，都不會違背自己的良知。

在美國南北戰爭的一場戰役中，南方奴隸主率領的軍隊把薩姆特堡包圍了。北方軍隊的一個陸軍上校接到命令，讓他保護軍用棉花，他接到命令後對他的長官說：「我不會讓一袋棉花丟失的。」

沒過多久，美國北方一家棉紡廠的代表來拜訪他，說：「如果您手下留情，睜一眼閉一眼，您就將得到五千美元的酬勞。」

上校痛罵了那個人，把廠長及其隨從趕了出去。上校說：「你們怎麼會有這麼卑鄙的想法？前方的戰士正在為你們拚命，為你們流血，你們卻想拿走他們的生活必需品。趕快給我走開，不然我就要開槍了。」那個廠長見勢不妙，就灰溜溜地逃走了。

戰爭為南北兩地的交通運輸帶來了阻礙，許多南方農場主生產的棉花運不到北方。因此，又有一些需要棉花的北方人來拜訪他，並且許諾給他一萬美元的酬勞。

上校的兒子生了重病，已經花掉了家裏的大部分積蓄，他還收到妻子發來的電報，說家裏已經快沒錢付醫療費了，請他想想辦法。上校知道這一萬美元對於他來說就是兒子的生命，有了錢兒子就有救，但他還是像上次一樣把賄賂他的人趕走了，因為他已經向上司保證過「不會讓一袋棉花丟失」。

沒過多久，第三波人來了，這次給他的酬勞是二萬美元。上校這一次沒有罵他們，而是很平靜地說：「我的兒子正在發燒，高燒到耳朵聽不見了。我很想收這筆錢，但是我的良心告訴我不能收這筆錢，我不能為了我的兒子害得十幾萬士兵在寒冷的冬天沒有棉衣穿，沒有被子蓋。」

那些來賄賂他的人聽了，對上校的品格非常敬佩，他們很慚愧地離開了上校的辦公室。後來，上校找到他的上司，對上司說：「我知道我應該遵守諾言，可是我兒子的病很需要錢，我現在的職位又受到很多誘惑，我怕我有一天把持不住自己，收了別人的錢。所以我請求辭職，請您派一個不急需錢的人來做這項工作。」

他的上司非常讚賞他誠實正直的品格，批准了他的辭職申請，並且幫助他籌措了資金來支付他兒子的醫藥費。

這位陸軍上校正是堅持了「在有利害得失之前，則要能『不變隨緣』」，堅持了自己做人的原則，所以贏得了他人的尊重。這就是星雲大師所說，孔子所推崇的：「凡事能有所為，有所不為。」這就是正直的魅力。

正直意味著具有道德感，並且遵從自己的良知。一個正直的人考慮別人多於考慮自己，他不會因為一些短淺的私利而違背自己的良知。

君子身處世間，心中都應該有一個行事的準則，天下事有的應該做，有的則不應該做，一旦遇到違背自己的良心與正義的事情，就算可以給自己帶來巨大的財富和利益，仍然要堅決拒絕。

因此，為人需當行則行，當止則止；有所為，有所不為，不可任意妄為；這樣才能「仰不愧天，俯不愧人，內不愧心」，堂堂正正、光明磊落、了無遺憾地走出一個美好的人生。

婉拒的魅力

大師開示

不要隨便的拒絕，不要無情的拒絕，不要傲慢的拒絕；要能委婉的拒絕，要有笑容的拒絕，要有代替的拒絕，要有出路的拒絕。

拒絕是一種藝術，當別人對自己有所求而自己辦不到時，就不得不拒絕。拒絕往往是處於難堪的場面，但不得已要拒絕別人時，就要學會曲折、委婉、溫和的表達出自己的意思，切忌不要直言不諱的拒絕，令人難堪。

星雲大師的七句箴言，充分地給出了拒絕他人的最好方法，其實總結為一點，即是婉拒。無論是面帶笑容的婉言拒絕，還是尋找他人代替拒絕，又或是給自己留下後路的拒絕，都是婉轉的拒絕方法。

人們常說，世上最難的就是道歉和拒絕，因為這兩樣東西一個會讓自己的面子折損，一個會令他人難堪。如何在拒絕他人時不令他人難堪，是十分為難的一件事情，這就需要我們學會婉拒。

在人世間，每個人都要面臨相聚與分離，面對痛苦與喜悅，面對接納與拒絕。寬容是我們道德大廈中重要的橫樑，但拒絕也是不可缺少的支柱。從自身而言，要學會拒絕痛苦，拒絕一些本可以避免的心理問題；從他人而言，要學會拒絕一些無法完成的任務，給自己留下更加廣闊的空間，也避免因無法兌現自己的諾言而失信於人。

但是，拒絕需要方法，並不一定直接向對方說「不」。當你能夠遊刃有餘地運用拒絕的藝術時，既解決了問題，實現了目的，也避免了雙方的尷尬。

以前，有一個國王，他有一個美麗的女兒，被視如掌上明珠。凡是公主要求的東西，國王從來都不會拒絕，就是她要天上的星星，國王也恨不得攀登天空，為公主摘下來，點綴為彩衣。

一個春雨初霽的午後，公主帶著婢女徜徉於宮中花園。忽然間，公主的目光被荷花池中的奇觀吸引住了。原來池水的熱氣經過蒸發，正冒出一顆顆狀如琉璃珍珠的水泡，渾圓晶瑩，閃耀奪目。公主看得入神忘我，突發奇想：「如果把這些水泡串成花環，戴在頭上，一定美麗極了！」

她打定主意，於是跑回宮中，把國王拉來到了池畔，對著一池閃閃發光的水泡說：「父王！您一向是最疼愛我的，我要什麼東西，您都依著我。現在女兒想要把池裏的水泡串成花環，戴在頭上。」

「傻孩子！水泡雖然好看，終究是虛幻不實的東西，怎麼可能做成花環呢？父王另外給妳找些珍珠水晶，一定比水泡還要美麗！」國王無限憐愛地看著女兒。

「不要！不要！我只要水泡花環，我不要什麼珍珠水晶。如果您不給我，我就不想活了。」公主哭鬧著。

束手無策的國王只好把朝中的大臣們集合於花園，憂心忡忡地說道：「各位大臣們！你們號稱是本國的奇工巧匠，你們之中如果有人能夠以奇異的技藝，用池中的水泡，為公主編織美麗的花環，我便重重獎賞。」

「報告陛下！水泡剎那生滅，觸摸即破，怎麼能夠拿來做花環呢？」大臣們面面相覷，不知如何是好。

「哼！這麼簡單的事，你們都無法辦到，我平日如何善待你們？如果無法滿足我女兒的心願，你們統統提頭來見。」國王盛怒的說。

「國王請息怒，我有辦法替公主做成花環。只是老臣我老眼昏花，實在分不清水池中的水泡，哪一顆比較均勻圓滿，能否請公主親自挑選，交給我來編串。」一位鬚髮斑白的大臣神情篤定地打圓場。

公主聽了，興高采烈地拿起瓢子，彎下腰身，認真地舀取自己中意的水泡。本來光彩閃爍的水泡，經公主輕輕一觸摸，霎時破滅，變為泡影。撈了半天，公主一顆水泡也拿不起來。顯然，公主水泡花環的夢想是難以實現的，誰能將鏡中美麗的花朵採擷下來？又有誰能夠把水中動人的月影掬在手中？

可是，當公主哭鬧，國王盛怒之時，直接拒絕無疑是最愚蠢的行為，甚至可能招致殺身之禍。所以，聰明的大臣運用了自己的智慧，透過委婉的方式讓公主自己領悟到水泡是無法串成花環的。

斷然拒絕別人雖然能顯現出一個人果斷有魄力，但對遭到拒絕的人來說，心情將是無比糟糕的。此時，委婉就像一道善意的門縫，給他人留下了出入的空間，同時也給自己留了一個入口，因此，它不失為一個處世良方。

柔和的力量

大師開示

將自己放得柔軟，學會低頭、謙讓，領悟了跪射俑的姿態，才是真能立足於天地之間的大丈夫。

古希臘大哲學家蘇格拉底曾說：「天地只有三尺，高於三尺的人要想長久立於天地之間，就要懂得低頭。」懂得低頭是一種生存的智慧。讓自己變得柔軟謙卑，所得的將是不斷的吸收和領悟，如此才能變得更強大。

星雲大師對於秦始皇陵兵馬俑頗感興趣，尤其是對於「跪射俑」的姿態略有感觸。

他說，秦始皇陵兵馬俑就屬「跪射俑」保存最為完整，原因是它的低姿態，因為兵馬俑坑是地下道式土木結構建築，當棚頂塌陷時，高大的立姿俑首當受到其害，而跪射俑是蹲跪姿態，右膝、右足、左足三個支點呈等腰三角形，完全支撐著上體，整個身體重心在下，增加了它的穩固性，所以不容易傾倒。

大師讚許跪射俑，其實是在讚揚一種「謙恭」的品質。跪射俑因為跪了下來，所以免遭碎裂的厄運。而人如能領會跪射俑蘊含的「放低姿態，以退為進」的含義，一樣會在人生的大風大浪中保全自己，自由發揮自己所長。

在如今的社會，到處都在宣傳「人應該張揚個性」，敢打敢拚，大有「死了也悲壯」的氣概。這固然從一個方面顯示出了人的勇氣和自信，但最終的結果未必能盡如人意。

被稱為「美國之父」的佛蘭克林在青年時期，曾專門拜訪一位德高望重的老前輩。那時他年輕氣盛，昂首挺胸邁著大步，但是他剛一走進老前輩的大門就被門框狠狠地碰了頭，痛得他一邊用手揉搓頭部，一邊看著比他的身子矮了一截的門。這時，出來迎接他的老前輩看到他這副模樣，笑笑說：「很痛吧！可是，這將是你今天訪問我的最大收穫。一個人要想平安無事地活在世上，就必須時時刻刻記住：該低頭時就低頭。這也是我想要教你的事情。」

佛蘭克林把這次拜訪得到的教導，看成是自己一生中最大的收穫，而且把它作為自己一生的生活準則之一，受益終生。

綜觀中國的歷史，也有關於這方面的非常好的例子。譬如，三國時期的劉備再三低頭：從三顧茅廬到孫劉聯合，每一次低頭，都會迎來「柳暗花明又一村」，終於成就「三足鼎立」的輝煌。越王勾踐放低身段，臥薪嚐膽終收回河山。

在當今的社會，錯綜複雜，變幻莫測，時時刻刻都存在著阻礙，永遠挺直身體是不可能的，將身體放柔軟，降低姿態，通常是我們不得不做的一種選擇。就好比老子教育弟子時說，他那堅硬的牙齒脫落，但他柔軟的舌頭卻完好無損。柔軟有時候是完全可以勝過強硬的。

任何瞭解太極拳的人都知道，太極拳以柔克剛的道理。多少聞名世界的硬功夫都敗在了太極拳的圓融之力。太極拳中區區一個推手，暗藏「發勁圓整，洩勁發放，沾衣即跌」三大口訣，看似緩慢無力，實則圓中帶方，化去對方力量，轉為自己之力。太極拳蘊藏的奧妙，便是柔能勝剛，弱能勝強。

太極拳的柔勝強與跪射俑的矮勝高實則有異曲同工之妙，皆是以柔克剛，以退為進，它是一種人生的大智慧、大境界。人在心裏保持一種謙遜的狀態，對於一切的事物保持寬容和忍讓，才能使得自己心靈空間放大到極致，在人世間悠遊自在地生活。星雲大師一再推崇跪射俑的精神，就是奉勸世人多學這種精神，在謙卑的柔和中學會如何做一個大丈夫、一個自在逍遙的人。

以緘默應對是非萬象

大師開示

譭謗是打倒不了一個人的，除非自己本身不行，沒有實力。面對譭謗的方法是不去辯白，對是非則默擯之。

一個人如果能夠將外界的嗔言碎語當做耳邊的一陣風一樣，任它吹來，任它吹去，不為所動，就會省卻許多煩惱，擁有一個清靜圓滿的人生。

在修禪的道路上深有體會的高僧多以「遇謗不辯」，為自己的修行準則之一，即便被冠以惡名，仍能泰然自若，不加辯駁。對修行者來說，不妄語、不多嘴，自會令修行更進一步，即便遭人非議，但清者自清，隨著時間的推移，真相是不可能被掩蓋的，只要自己行得正、坐得直，人格好壞立見，何必在意別人的背後私語。星雲大師對待譭謗的態度，正是一面深省自己，一面保持沉默。深省的目的是看清自己的實力和本質；保持沉默、不去辯白，是對自己人格的信任。星雲大師的這種處世態度，無疑為我們提供了一種解決問題的絕好方法。

很久以前，有一歸省禪師，在擔任住持期間，由於天旱，很少有人能拿糧食來養活這些僧人，僧人們只能每天喝粥吃野菜，個個面黃肌瘦。

有一日，住持外出化緣，法遠就召集大家取出櫃裏儲藏的麵做起湯麵來。麵還沒煮好，歸省禪師就回來了，小師弟們一下子就消失得無影無蹤。歸省禪師看到法遠居然把應急用的麵都用了，生氣地說：「誰讓你這麼做的？」

法遠毫無懼色地說：「弟子覺得大家面如枯槁，無精打采，於是就把應急用的麵拿出來煮了，請師父原諒。」

歸省嚴厲地說：「依清規打三十大板，驅逐出寺！」

法遠默默離開了寺院，但他沒有下山，而是在院外的走廊覓了個角落棲息下來。無論颳風下雨，都不曾動搖他向佛的決心。

歸省禪師有一次偶然看見他在寺院的角落睡覺，十分吃驚地問道：「你住這裡多久了？」

「已半年多了！」法遠說。

「給房錢了嗎？」歸省禪師說。

「沒有。」法遠說。

「沒給房錢你怎麼敢住這裡？你要住，就去交錢！」歸省禪師說。

法遠默默托著缽走向市集，開始為人誦經、化緣，賺來的錢全部用來交房錢。

歸省禪師笑著對大眾宣示：「法遠乃肉身佛也！」

後來法遠繼承了歸省禪師的衣缽，將佛學發揚光大。

佛陀教導弟子，不要妄生「嗔」念，其實就是面對別人的怨懟和怒罵不要計較太多，太計較就會平添怨氣，那煩惱就會不請自來，那還何能談清靜無為？星雲大師言之鑿鑿，對別人的閒言碎語從不予以辯護，其實正是修養的功夫所在。如果別人依然糾纏不清，選擇裝聾作啞或指東打西，也是很好的應對之法，這樣會使對方的攻擊無所適從，最後對方也只能怏怏而退。

一個學僧問趙州禪師：「聽說您曾親見過南泉禪師，是真的嗎？」

趙州禪師回答說：「鎮州出產大蘿蔔頭。」

一個學僧問九峰禪師：「聽說您親自參拜過延壽禪師，是真的嗎？」

九峰禪師回答說：「山前的麥子熟了嗎？」

趙州、九峰禪師，英雄所見略同。

一個學僧問趙州禪師：「佛經上說，『萬法歸一』，那麼一歸何處？」

趙州禪師回答說：「我在青州縫了一件青布衣服，有七斤重。」

又有一個學僧問趙州禪師：「當身體死亡歸於塵土時，有一個東西卻永久留下。我知道這個東西，但這個東西留在什麼地方呢？」

趙州禪師回答說：「今天早晨颳風。」

有學僧問香林遠禪師：「什麼是祖師西來意？」

他回答說：「唉，坐久了，真感到疲勞啊！」

學僧問憨山禪師：「佛是什麼？」

他回答說：「嘿！我知道怎樣打鼓。」

學僧問睦州禪師：「誰是各位佛祖的老師？」

他哼起了小調：「叮咚咚咚……」

學僧又問他：「禪是什麼？」

他合掌念道：「南無阿彌陀佛。」

但這學僧迷惘地眨著眼睛，不瞭解他的意思。

於是睦州禪師大聲喝道：「你這可憐的孩子，你的惡業從何而來呢？」

這學僧仍無所悟。

睦州禪師就說：「我的衣衫穿過多年之後，現在完全舊了，鬆鬆地掛在身上的碎片，已吹上天空了。」

又有一次，一個學僧問睦州禪師：「什麼是超佛越祖之說？」

禪師立刻舉起手中的杖子對大家說：「我說這是杖，你們說它是什麼？」

沒有人回答。

於是他再舉起手杖問這個學僧：「你不是問我什麼是超佛越祖之說嗎？」

一個學僧問洞山良價禪師：「誰是佛？」

洞山隨口答道：「麻三斤。」

詩曰：「不智之智，名曰真智。蠢然其容，靈輝內熾。用察為明，古人所忌。學道之士，晦以混世。不巧之巧，名曰極巧。一事無能，萬法俱了。露才揚己，古人所少。學道之士，樸以自保。」人與人的言語交鋒裏，「麻三斤」這樣的回答才是最好的回答。上文中看似驢唇不對馬嘴的幾段問答，幾位禪師皆講述了一個道理－有些話不必說得明確，佛在心中，道就在心中，用語言是無法闡述清楚的，要看修行者的真心如何，只有不斷反省不斷領悟，答案才在修行者的心中。

其實，「佛」和「道」就好比一個人的品質，別人不斷的對這人的品格質疑，這人答什麼都是有主觀因素的，在別人看來都是辯駁，但如果這人什麼都不說，或者說些風馬牛不相及的話，讓別人自己去猜測。那麼，時間一久，這人的人格就會被世人慢慢看清，他是好是壞也就不必多加解釋了。

第四章
成功的財富之道

星雲大師說：

「人可以窮，心不能窮。心裏的能源取之不盡，

用之不竭，會開採心裏的能源，才是真正的富者。」

星雲大師相信世人之心皆有寶藏，在他看來，

一旦我們發現了內心的強大，發現了自己的潛力何在，

我們將會從中得到取之不盡、用之不竭的財富。

而那時那刻，成功的大門已經向我們緩緩敞開。

開採心中的財富

大師開示

星雲大師說：「人可以窮，心不能窮。心裏的能源取之不盡，用之不竭，會開採心裏的能源，才是真正的富者。」

每個人的心中都存在一顆明珠，但因嘈雜塵網的紛擾，人們逐漸將自己的心蒙蔽，這顆明珠便不再明亮。但人們不應這樣認為，明珠不亮就表示不存在，其實潛藏在我們內心的光明，依然是光彩耀人的，只不過是我們忽略了它的存在。一個人可以窮困潦倒，可以無所事事，但不能讓自己的心就此枯竭。心就如同潛能一樣，它所蘊含的力量無與倫比，一旦受到某種激發，就能使我們發揮出前所未有的力量。

人們常說，自助者天助。一個人只要相信並充分依靠自己的力量，自立自強，便沒有克服不了的困難。世界上真正能拯救和幫助自己的人只有自己。

佛印禪師與蘇東坡同遊靈隱寺，來到觀世音菩薩的像前，佛印禪師合掌禮拜。

蘇東坡忽然靈機一顯，轉頭問佛印禪師說：「人人皆念觀世音菩薩咒，對祂頂禮膜拜，希望得到祂的庇佑。但是觀世音菩薩為何手上也和我們一樣掛著一串念珠？觀世音菩薩念經究竟是在為誰祈求？」

佛印禪師說：「念觀世音菩薩咒。」

蘇東坡說：「為何觀世音菩薩也念觀世音菩薩咒？」

佛印禪師說：「因為求人不如求己。」

蘇東坡恍然大悟，瞭然於胸。

原來神也在告訴世人，求人不如求己。保持自己的自由，相信自己的心靈，充分發揮自己的能力，比去依靠別人更穩妥。或許，每個人生命中都有許多的貴人而至，但最永恆的貴人卻是自己。只有滿懷信心努力上進，發掘深藏於體內的潛能，充分發揮自己的才智，方能排雲直上清空，闖出一片藍天。

美孚石油公司董事長洛奇到一家分公司去視察工作，在衛生間裏，他看到一位小伙子正跪在地上擦洗黑汙的水漬，並且每擦一下，就虔誠地叩一下頭。洛奇感到很好奇，便問他為何如此。

這位小伙子回答說：「我在感謝一位聖人，他幫助我找到了這份工作，讓我終於有了飯吃。」

洛奇笑了，說：「我曾經也遇到一位聖人，他使我成為美孚石油公司的董事長，你願意見他一下嗎？」

小伙子說：「我是個孤兒，從小靠別人養大，我一直都想報答養育過我的人。這位聖人若能使我吃飽之後，還有餘錢，我很願意去拜訪他。」

洛奇說：「你一定知道，南非有一座高山，名叫胡克山。據我所知，那上面住著一位聖人，能為人指點迷津，凡是遇到他的人都會前程似錦。十年前，我到南非登上過那座山，正巧遇上他，並得到他的指點。假如你願意去拜訪，我可以向你的經理說情，准你一個月的假。」這位年輕的小伙子是個虔誠的教徒，他謝過洛奇後就真的上路了。他風餐露宿，日夜兼程，最後終於到達了自己心中的聖地。然而，他在山頂徘徊了一天，除了自己，什麼都沒有遇到。

小伙子很失望的回來了。他見到洛奇後說的第一句話是：「董事長先生，一路上我處處留意，但直至山頂，我發現，除我之外，根本沒有什麼聖人。」

洛奇說：「你說得很對，除了你之外，根本沒有什麼聖人。因為，你自己就是聖人。」

後來，這位小伙子成了美孚石油公司一家分公司的經理。有一次，在接受記者採訪時，他向記者講述了上面的故事，並補充了這麼一句話：**「發現自己的那一天，就是人生成功的開始。任何人只要相信自己，就能夠創造奇蹟。」**

我們的心是一個巨大的寶庫，但是人們不相信自己能夠獲得成功，才拿不到開啟寶庫的鑰匙。星雲大師相信世人之心皆有寶藏，在他看來，一旦我們發現了內心的強大，發現了自己的潛力何在，我們將會從中得到取之不盡、用之不竭的財富。而那時那刻，成功的大門已經向我們緩緩敞開。

別在心中畫地為牢

大師開示

監獄有有形和無形之別，有人雖在監獄外，心卻住在無形牢獄——心牢，有人雖犯了錯，只要心存悔過，依然能坦然自在。

星雲大師看芸芸眾生抱守心牢猶不自知，不得不發出感嘆。他奉勸世人的正是「放下」二字，只有如此不斷悔過、反省，將內心的惡業驅除，淡看是非與名利，便可以坦然自在地活著。

古有「畫地為牢」，以示懲戒，然而現在人每每畫地為牢，困鎖的不是別人而是自己。

每個人總是喜歡將自己的內心死死囚禁，為金錢、為權勢、為愛情，不斷將欲求的枷鎖加諸於身，在不知不覺之間，將自己快樂的權利盡數消磨。佛曰：「放下！放下才能快樂和自在，但這又談何容易。」世上的人有了功名，就對功名放不下；有了金錢，就對金錢放不下；有了愛情，就對愛情放不下；有了事業，就對事業放不下。名韁利鎖纏繞著我們的身心，使我們陷入俗世紅塵的泥淖中不能自拔。

有個後生從家裏到一座禪院去，在路上他遇到了一件有趣的事，他想以此去考考禪院裏的老禪者。

來到禪院後，後生與老禪者一邊品茶，一邊閒談，冷不防他問了一句：「什麼是團團轉？」

「皆因繩未斷。」老禪者隨口答道。

後生聽到老禪者這樣回答，頓時目瞪口呆。老禪者見狀，問：「什麼使你這樣驚訝啊？」。

「不，老師父，我驚訝的是，你怎麼知道的呢？」

後生說：「我今天在來的路上，看到一頭牛被繩子穿了鼻子，拴在樹上，這頭牛想離開這棵樹，到草地上去吃草，誰知牠轉過來轉過去都不得脫身。我以為師父沒看見，肯定答不出來，哪知師父一下就答對了。」

老禪者微笑著說：「你問的是事，我答的是理，你問的是牛被繩縛而不得解脫，我答的是心被俗務糾纏而不得超脫，一理通百事啊！」

想想我們自己，其實也是被一根無形的繩子牽著，像牛一樣圍著樹幹團團轉，總解脫不了。我們的處境又比牛好得了多少呢？

從前，衛國有一群演戲的藝人，因為遇上年歲饑荒，便到他鄉賣藝求生。

他們在路上經過一座山，據說這座山裏有許多惡鬼，還有吃人的羅剎。夜裏山中風大天冷，大家燃起火，在火堆旁邊睡了。半夜裏，有一個人實在感覺寒冷，就起來穿上演戲用的羅剎服，對著火堆坐著。同伴中一個人從睡夢中醒來，突然看見火堆旁邊坐著一個羅剎，顧不上仔細看清楚，爬起來就跑。這一下驚動了所有的夥伴，大家一起亡命奔逃起來。那位穿著羅剎服的人一驚，也跟著大家狂奔，前面逃跑的人以為羅剎要來害人，更加恐懼驚慌。大夥不顧一切拚命逃生，有的跳進河裏、溝裏，有的摔傷胳膊跌傷腿，疲憊至極。到了天亮，大夥才看清楚後面追的原來是同伴。有時候，擾亂我們心神的，往往並不是現實中的東西，而是藏於心中的「羅剎」。

名利、慾望、奢求就如同「羅剎」一般，始終誘引著人們去想它。為了錢，我們東西南北團團轉；為了權，我們上下左右轉團團；為了慾，我們上上下下奔竄；為了名，我們日日夜夜竄奔。明知道它是可怕的，卻又忍不住去注意它。當你惹它注意時，才發現它有多麼可怕，但你已經無法擺脫它了。

名利是繩，慾望是牢，我們團團轉，轉來轉去繞出了人生三千煩惱，如何才能自在呢？恐怕唯有斬斷才能自在。

對活在忙碌緊張、名利纏繞的現代社會的我們而言，在肩上的重擔，在心上的壓力，使人活得非常艱難。把人生的道理想得越複雜，生活反而會越複雜，心牢一重又一重，難以解開。我們不如踏踏實實做事，規規矩矩做人，得功名利祿便得，不得也無所謂，必要的時候放下，這才是最現實且可行的辦法。

播種一顆夢想的種子

大師開示

人生不能沒有夢想，人總希望自己能「美夢成真」。一個人只要有發心有悲願，還怕不能成功嗎？

俗話說：「行道要如水，立志要如山。不如水，不能曲達，不如山，不能堅定。」對生活懷有積極態度的人，也往往是胸中有志的人。他們的理想可以大到如一座山峰，迎向風雨、傲視霜雪而巍峨不倒，也可以小到如一株野草，匍匐於塵埃中，根脈卻伸向大地。

當談到理想時，星雲大師曾經感慨地談到了他的經歷：「我本人連小學都沒有上過，但現在憑發心創辦了數所大學；我本來是一個到處掛單的行腳僧，現在也能在全世界創建幾所叢林寺院。因此，一個人只要有發心有悲願，還怕不能成功嗎？」而這就是夢想的力量。

一個懷有積極態度的人，都有自己的理想，無論大小，無論清晰或者模糊，總有一個夢潛伏心底。夢想就像是沙灘上美麗的鵝卵石，一方面陶冶著心靈，一方面又硌痛了雙腳，讓人沒有任何駐足的機會，只能起步飛揚，奔向夢想的遠方。

星雲大師認為，佛教雖然講究眾生平等，但是根據一個人對理想的態度，也可以將人分為上根、中根、下根三種等級。他解釋說：上根的人將人生理想奉為做事的準則，為理想而辛苦工作，甚至奉獻犧牲，在上根的人眼裏，夢想能否實現並不重要，重要的是在行走的路上為理想付出一切；中根的人認為理想過於虛幻，因此更願意憑著經驗踏踏實實做事，而很少會提前為自己設定某種目標；下根的人，憑著需要而生活，所以只會為了自己的需要去努力生活，只講需要而不談理想和經驗，就如憑本能而生活的其他動物一般。

一個沒有理想與抱負的青年，便沒有未來。所以，星雲大師十分重視理想的力量，認為一個人要有抱負、有理想，有了理想之後，工作就不會覺得辛苦，吃點虧也不會去計較，生活中也會增加很多力量。

出身貧寒的亨利喜歡踢球，他的夢想就是運動。他的高中教練，奧利．賈維斯是一個了不起的人。

在亨利升入高年級的那個夏天，一個朋友推薦他去做一份暑期工。他意識到如果他去做這份工作，那意味著他必須得告訴賈維斯教練他不能去練球了。

「你還有一生的時間可以去工作。」教練知道後生氣的對他說。「因為，你練球的日子是有限的，你根本浪費不起！」亨利低著頭站在他面前，努力想向他解釋，為了那個替他媽媽買一間房子和口袋裏有錢的夢想，即使讓教練對他失望，他認為也是值得的。

「孩子，你做這份工作能賺多少錢？」「每小時三美元。」亨利說。

教練繼續問道：「你認為，一個夢想就值一小時三美元嗎？」

教練的這句話深深刺痛了他的心。那年暑假，亨利全身心的投入到訓練中去，同一年，他與匹茲堡海盜隊簽訂了一份價值二萬美元的契約。後來，他在亞利桑那州的州立大學裏獲得了足球獎學金，那使他獲得了接受教育的機會；在全美國的後衛球員中，他兩次被公眾認可，並且在美國國家足球聯盟隊隊員的挑選賽中，他位列第七。

一九八四年，亨利與丹佛的野馬隊簽署了一百七十萬美元的合約。他終於可以為他的母親買下一間房子，實現了他的夢想。

正如亨利這樣，一個人一旦被眼前利益絆住雙腳，就註定會落入平庸人之中。只有堅持自己的夢想，並不斷的為夢想而努力，那麼他才能創造奇蹟。

理想，可以引導一個人走上正途。所謂「哀莫大於心死」，在星雲大師看來，一個人最悲哀的事情就是沒有理想。沒有理想的人生，眼前將始終暗淡無光。他說：「就算貓狗，也希望有美好的三餐；就算花草，也希望朝露的滋潤；何況萬物之靈的人類，怎麼能沒有正當的希望，怎麼能沒有崇高的理想？」

美國有一位哲人曾經說過：「很難說世上有什麼做不了的事，因為昨天的夢想可以是今天的希望，還可以是明天的事實。」理想是每個人生命中不可或缺的部分，沒有淚水的人，他的眼睛是乾涸的；沒有夢想的人，他的世界是黑暗的。在心中種一顆夢想的種子，用堅持、奮鬥澆灌，總有一天它會長成一棵參天大樹。

不要上「看上去很美」的當

大師開示

對事情不要看一時，不要只看表面，要在生活中找出自我的一片空間，因一沙一石都有無限的世界。

著名的行為經濟學家奚愷元教授，曾有一個著名的霜淇淋實驗：假設有一杯七盎司的霜淇淋裝在了五盎司的杯中，看上去快要溢出來了；而另一杯八盎司的霜淇淋裝在十盎司的杯中，看上去並不太滿。試驗結果顯示，人們都願意花二・二六美元買七盎司的霜淇淋，卻不願意用一・六六美元買八盎司的霜淇淋。

為什麼會這樣？因為人的理性是有限的，人們往往喜歡「看上去很美」的事件。

日本的道元禪師，在中國學禪回國後，和人談起十年來的心得時說：「這段時間我領悟到了一個最深刻的道理：眼睛是橫著長，鼻子是豎著長的。」眾人聞之，莫不捧腹大笑。但隨即，他們的笑容僵在臉上，因為在那一陣笑聲過去之後，他們才發現那笑聲竟是如此的空洞。

與「鼻頭向下」相似，惠洪也說過：「脫體現前無躲避，鼻頭向下少人知。」自然中的萬事萬物，本來是沒有任何隱瞞的把它們的本來面目，充分的展示在我們面前，只是因為我們蒙昧了雙眼，所以總是被假象所迷惑而看不到真相；這就是星雲大師所說的「看表面」。

我們在對任何一個事物做出判斷或者得出結論之前，都應該先拋開個人的喜好，靜下心來，心平氣和的對事物進行充分的調查、瞭解和分析，這樣才能保證我們所做出的判斷或得出的結論是客觀而正確的。正如在善惡的分辨上，不能僅僅站在自己的立場，以一己之私評判哪個是好的，哪個是壞的。以個人利害評善惡，就是狹隘的門戶之見。

有位詩人這樣說：「真理就像上帝一樣。我們看不見它的本來面目，我們必須透過它的許多表現而猜測到它的存在。」真理往往細弱如絲，混雜在一堆假象之中，我們的眼睛、我們的心智，甚至我們道德上的缺失都會阻礙我們去敲響真理的門，因此可能對不瞭解的事，對尚不為人所知的領域做出錯誤的判斷。

同時，很多事情並不像我們看上去的那樣，所以需要事先好好地觀察。兩個旅行中的天使到一個富有的家庭借宿。這家人對他們並不友好，並且拒絕讓他們在舒適的客房裏過夜，而是在冰冷的地下室給他們找了一個角落。當他們鋪床時，較老的天使發現牆上有一個洞，就順手把它修補好了。年輕的天使問為什麼，老天使回答說：「有些事並不像它看上去的那樣。」第二晚，兩人又到了一個非常貧窮的農家借宿。主人夫婦對他們非常熱情，把僅有的一點點食物拿出來款待客人，然後又讓出自己的床鋪給兩個天使。第二天一早，兩個天使發現農夫和他的妻子在哭泣，他們唯一的生活來源—那頭乳牛死了。

年輕的天使非常憤怒，他質問老天使為什麼會這樣，第一個家庭什麼都有，老天使還幫助他們修補牆洞；第二個家庭儘管如此貧窮，卻還是熱情款待客人，而老天使卻沒有阻止乳牛的死亡。

「有些事並不像它看上去的那樣。」老天使答道，「當我們在地下室過夜時，我從牆洞看到牆裏面堆滿了古代人藏於此的金塊。因為主人被貪慾所迷惑，不願意分享他的財富，所以我把牆洞填上了。昨天晚上，死亡之神來召喚農夫的妻子，我讓乳牛代替了她。所以有些事並不像它看上去的那樣。」很多時候，人只會看到事物的表面現象，從而做錯事。所以我們在判斷是非曲直時一定要實事求是，多方面分析，而不要過多加入個人的情感，不要一味地相信「看上去很美」的事物。這樣才能做到像星雲大師所說的那樣：**「別人看到相，我看到理；別人知道點，我知道全面。」**這就是智慧。

做不成青松，就做最好的灌木

大師開示

在人生的舞台上，無論扮演什麼角色，重要的是，你是否能夠以主角的心情上台盡力演出，從而活出一個無怨無悔的人生。

如果你不能成為山巔上一棵挺拔的松樹，
就做一棵山谷中的灌木吧！
但要做一棵溪邊最好的灌木；

如果你不能成為一棵參天大樹，
那就做一片灌木叢林吧！
如果你不能成為一叢灌木，
何妨就做一棵小草，給道路帶來一點生氣！
你如果作不了麋鹿，
就做一條小魚也不錯！
……

《美國詩人道格拉斯．馬婁奇》

確實如星雲大師所說，人生就像是一個舞台，每個人都在飾演著不同的角色，不管飾演什麼角色，每個人來到世上，都希望演繹出有個性的自我和輝煌的成就，希望自己的一顰一笑、風度學識或是動人歌喉、翩翩身影，能夠得到別人的認可和掌聲，但並不是每個人都能神采飛揚地站在燈光閃爍的舞台上，成為萬眾矚目的主角。作為一個平凡的個體，大多數人也許只能在鎂光燈的背後呢喃自己的獨白，沒有人會關注，沒有人會在意，沒有人會給予簇擁的鮮花和熱烈的掌聲。

面對此情此景，有些人往往會嗟嘆自己的渺小與庸才，感懷別人的優秀與成功。其實又何必豔羨那些鮮花和掌聲呢？鮮花雖然美麗，掌聲固然醉人，但它們只能肯定某些人的成就，卻無法否定其他的價值。只要你是在真真實實的生活，活出一個真真正正的自我，那麼即使所有的人把目光投向別處，你還是擁有一個最後的觀眾—你自己，你還是可以為自己鼓掌。**重要的是，你是否能夠以主角的心情上台盡力演出，從而活出一個無怨無悔的人生。**

也許你是一隻窯燒失敗、一經出世就遭受冷落的瓷器，沒有凝脂般的釉色，沒有精緻的花紋，無法被人藏於香閣，但當你摒棄了雜質，由一個泥胚變成一件瓷器的時候，你的生命就已經在烈火中變得灼人而亮麗，你就應該為此而欣慰。也許你是一塊矗立山中、終日承受日曬雨淋的頑石，醜陋不堪而又平凡無奇，滄海桑田的變遷中，被人千百年地遺忘在那裡，但你同樣應為自己自豪，長久的屹立不倒，便是你永恆的驕傲。

也許……也許你只是一朵殘缺的花，只是一片熬過旱季的葉子，或是一張簡單的紙，一塊無奇的布，也許你只是時間長河中一個匆匆而逝的過客，不會吸引人們半點的目光和驚嘆，但只要你擁有一雙手，你就能為自己鼓掌。

以主角的心態，我們將勇往直前。當我們碰壁時，我們低下昂得高高的頭；當我們遭遇失敗時，我們灰心喪氣，萬分沮喪；當我們為現實而回頭張望時，我們已失去了自尊。然而人生的道路上到處充滿荊棘，即使再平靜的海面也會有波濤洶湧的一天。相信自己，用一顆勇敢的心去面對。

一次的失敗並不代表最後的失敗，誰笑到最後才能笑得最燦爛。勝利了，我們一笑而過；跌倒了，我們忍痛爬起，繼續我們的人生之旅。或許勝利的旗幟就在前方向我們揮手；或許下一站就是成功；或許明天又是美好的一天。所以我們應該不怕困難，勇往直前，去開拓通往未來的七彩之路。

第五章
人人都得學悟空

俗話說「海納百川」，很多人將「大海」作為浩瀚胸襟的代名詞，
而星雲大師認為人的心是大海與高山都不能比的，
「解除心中的框框，把心放空，讓心柔軟，就能包容萬物、洞察世間，
達到真正心中萬有，有人有我、有事有物、有天有地、
有是有非、有古有今，一切隨心通達，運用自如」。

做一個自知者

大師開示

只有自知，才能知人。《呂氏春秋》中說：「物固莫不有長，莫不有短，人亦然。」一個人不僅要瞭解自己的能力有多少，也要知道自己的長處和短處在哪裡，才能藉由不斷的自我調整而進步。

尼采曾經說過：「聰明的人只要能認識自己，便什麼也不會失去。」正確認識自己，才能使自己充滿自信，才能使人生的航船不迷失方向。正確認識自己，才能正確確定人生的奮鬥目標。只有有了正確的人生目標，並充滿自信，為之奮鬥終生，才能此生無憾，即使不成功，自己也會無怨無悔。

老子《道德經》洋洋灑灑五千言，可謂字字珠璣，一句：「知人者智，自知者明。」人需要有自知之明。特別是在身處困境，地位低下的時候，一個人更應該反省自身，正像星雲大師所說的那樣：「要知道自己的長處和短處在哪裡。」多思考一下自己的缺陷和不足，才能藉由不斷的自我調整而進步。

看清自己是我們成功的必然，不能因為境況的不如意而迷迷糊糊，空度時光。只有正確的認識自己，評價自己，找到自己的不足並改善它，我們才能不斷取得進步，走向成功。

多年前的一個傍晚，一位名叫亨利的青年移民者，站在河邊發呆。那天是他三十歲生日，可是他不知道自己是否還有活下去的必要。因為亨利從小在福利院長大，身材矮小，長相也不帥，講話又帶著濃厚的法國鄉下口音。所以他一直很瞧不起自己，認為自己是一個既醜又笨的鄉巴佬，連最普通的工作都不敢去應徵，沒有工作，也沒有家。

就在亨利徘徊於生死之間的時候，與他一起在福利院長大的好朋友約翰高興地跑過來對他說：「亨利，告訴你一個好消息！」

「好消息從來不屬於我。」亨利一臉悲戚的說。

「不，我剛剛從收音機裏聽到一則消息。拿破崙曾經丟失了一個孫子，播音員描述的相貌特徵，與你絲毫不差！」

「真的嗎？我竟然是拿破崙的孫子？」亨利一下子精神大振。聯想到爺爺曾經以矮小的身材指揮著千軍萬馬，用帶著泥土芳香的法語發出威嚴的命令，他頓時感到自己矮小的身材同樣充滿力量，講話時的法國口音也帶著幾分高貴和威嚴。

第二天一大早，亨利便滿懷自信地來到一家大公司應徵，他竟然應徵成功了。

二十年後，已成為這家公司總裁的亨利，查證自己並非拿破崙的孫子，但這早已不重要了。

亨利到三十歲時的潦倒和二十年之後的成功，其間的不同關鍵在於亨利先前的自卑和後來的自信。人貴有自知之明，許多人難以真正瞭解自己，也就難於戰勝自己，難於駕馭自己。自以為的自知和真正的自知不同，自以為瞭解自己是大多數人容易犯的毛病，真正瞭解自己是少數人的明智。人生如秤：對自己的評價秤輕了容易自卑；秤重了又容易自大；只有秤準了，才能實事求是、恰如其分地感知自我，完善自我，對自己瞭然於心，知道自己有多少價值，才能做到自知之明。可是現實中人們常常秤重自己，過於自信和自傲，演變為自大總覺得高人一等，辦事忽左忽右，不知輕重，而造成不必要的尷尬和悲劇。當然也有秤輕自己的人，其表現為往往自輕和自卑，多萎靡少進取，總認為自己不如人，而經常處於無限的悲苦之中。

古人云：「吾日三省吾身。」就是說，自知之明來自於自我修養和自我反省。因為自我反省才能自制自律，自律才能自愛自重，自重才能自信自立。自尊為氣節，自知為智慧，自制為修養。人具備了自知之明的胸懷，其人格頂天立地，其行為不卑不亢，其品德上下稱道，其事業左右逢源。在人生道路上，就能經常解剖自己，自勉自勵，改正缺點，量知而思，量力而行，及時把握機遇，不斷創造人生的輝煌。

自知之明與自知不明雖僅一字之差，卻是截然不同的兩種結果。自知之明關鍵在「明」字，對自己明察秋毫，瞭若指掌，因而遇事能審時度勢，善於趨利避害，很少有挫折感，其預期值就會更高，自知不明的人往往昏昏然、飄飄然，忘乎所以，看不到問題，擺不正位置，找不準人生的支點，駕馭不好人生的命運之舟。

在遭遇挫折的時候，不要妄自菲薄，也不要自視過高，正確地衡量自己，讀懂自己，發現不足，彌補缺陷，才能改變現狀，獲得成功。

人人都得學悟空

大師開示

虛空包容萬有，因為「空」，大地任我們遊走，空氣給我們呼吸，萬物供我們取用，假如沒有「空」，人類就不知將安住於何處了。所以，我們應該歌頌空的偉大，空的包容。「空」中才能生妙有。

流水下山非有意，片雲歸洞本無心；
人生若得如雲水，鐵樹開心遍界春。

《宋．止庵守淨》

在禪宗的觀念中，空與有並非兩個完全對立的概念，宇宙萬有，因為虛空含納包容，所以能擁有日月星河的環繞；因為高山不揀擇砂石草木，所以成其崇峻偉大。

俗話說「海納百川」，很多人將「大海」作為浩瀚胸襟的代名詞，而星雲大師認為人的心是大海與高山都不能比的，「解除心中的框框，把心放空，讓心柔軟，就能包容萬物、洞察世間，達到真正心中萬有，有人有我、有事有物、有天有地、有是有非、有古有今，一切隨心通達，運用自如」。

默雷禪師有個名叫東陽的小徒弟。

這位小徒弟看到師兄們，每天早晚都分別到大師的房中請求參禪開示，師父給他們公案，於是他也請求師父指點。

「等等吧，你的年紀太小了。」但東陽堅持要參禪，大師也就同意了。

到了晚上參禪的時候，東陽恭恭敬敬地磕了三個頭，然後在師父的旁邊坐下。

「你可以聽到兩隻手掌相擊的聲音。」默雷禪師微微含笑地說道，「現在，你去聽一隻手的聲音。」

東陽鞠了躬，返回寢室後，專心致志地用心參究這個公案。

一陣輕妙的音樂從視窗飄入。「啊，有了。」他叫道，「我會了！」

第二天早晨，當他的師父要他舉示只手之聲時，他便演奏了藝妓的那種音樂。

「不是，不是。」默雷禪師說道，「那並不是只手之聲，只手之聲你根本就沒有聽到。」

東陽心想，那種音樂也許會打岔。因此，他就把住處搬到了一個僻靜的地方。

這裡萬籟俱寂，什麼也聽不見。「什麼是只手之聲呢？」思量之間，他忽然聽到了滴水的聲音。「我終於明白什麼是只手之聲了。」東陽在心裏說道。

於是他再度來到師父的面前，模擬了滴水之聲。

「那是滴水之聲，不是只手之聲。再參！」默雷禪師說。

東陽繼續打坐，諦聽只手之聲，毫無所得。

他聽到風的鳴聲，也被否定了；他又聽到貓頭鷹的叫聲，但也被駁回了。只手之聲也不是蟬鳴聲、葉落聲……

東陽往默雷禪師那裡一連跑了十多次，每次各以一種不同的聲音提出應對，但都未獲認可。到底什麼是只手之聲呢？他想了近一年的時間，始終找不出答案。

最後，東陽終於進入了真正的禪定而超越了一切聲音。他後來談自己的體會說：「我再也不東想西想了，因此，我終於達到了無聲之聲的境地。」

東陽已經「聽」到只手之聲了。

一旦仔細去聆聽那「只手之聲」，人就踏上了心靈的解脫之旅，心感受到的萬物之豐富，便會遠遠超過自己視線範圍之內的一切。內心豐富，卻也可呈現一種空無的狀態，東陽在「無聲之聲」的境地中進入了真正的禪定，從「空無」中體驗到了「富有」。

星雲大師說：「空才能容萬物，茶杯空了才能裝茶，口袋空了才能放得下錢。鼻子、耳朵、口腔、五臟六腑空了，才能存活，不空就不能健康地生活了。就像兩個人相對交談，也需要一個空間，才能進行。所以，空是很有用的。」

與其被滿滿的外物所累，何不索性全部放下，傾聽那奇妙無比的「只手之聲」，獲得心靈的自由和解脫。

你可以不信，但不必排斥

大師開示

你可以不信，但不必排斥。這不僅適用於對宗教的信仰，也適用於每個人為人處世，待人接物，做人需要求同存異。

法國的啟蒙者**伏爾泰說：「雖然我不同意你的觀點，但我誓死捍衛你說話的權利。」**這是西方人對尊重個體與尊重自由的吶喊。而在東方，講究的是包容，是海納百川，是澤被萬物，是儒家這一主體思想對外來佛教的包容與融合。是接受彼此的差異化，求同存異，是和諧共處，因此這一文化之源流幾千年不斷絕。

星雲大師談到佛教傳到中國時，頗有感慨地說：「中國和佛教始終是和諧的。佛教文化被悠久的中華文化所接納，並且繼續發揚光大，成為中國的佛教。佛教對得起中國，中國也不負佛教，正是兩者之間相互的包容造就了這和諧的一切。」接著，大師說了一句樸實卻振聾發想的話：「你可以不信，但不必排斥。」

這不僅適用於對宗教的信仰，也適用於每個人為人處世，待人接物，做人需要求同存異。

在喜馬拉雅山中有一種共命鳥，這種鳥只有一個身子，卻有兩個頭。有一天，其中一個頭在吃美果，另一個頭則想飲清泉，由於清泉離美果的距離較遠，而吃美果的頭又不肯退讓，於是想喝清水的頭十分憤怒，一氣之下便說：

「好吧，你吃美果卻不讓我喝清水，那麼我就吃有毒的果子。」結果兩個頭都同歸於盡。

還有一條蛇，牠的頭部和尾部都想走在前面，互相爭執不下，於是尾巴說：

「頭，你總是在前面，這樣不對，有時候應該讓我走在前面。」

頭回答說：「我總是走在前面，那是按照早有的規定做的，怎能讓你走在前面？」

兩者爭執不下，尾巴看到頭走在前面，就生了氣，捲在樹上，不讓頭往前走，牠看到頭放鬆的機會，立即離開樹木走到前面，最後掉進火坑被燒死了。

無論是兩頭鳥還是那條頭尾相爭的蛇，因為不知道求同存異的這個道理，最終導致兩敗俱傷，受到傷害的終究還是自己。如果那隻鳥的一個頭能夠先讓另一頭喝到水，再過去吃鮮果，那自己也不是沒有什麼損失嗎？只是哪個先哪個後的問題。人有時候實際上和這兩頭鳥一樣，不願意讓自己的利益受到一點點的損失，別人的一點要求也不能滿足，所以到頭來自己也是一無所獲。

這世上的事物千差萬別，人與人之間也存在著眾多的差異，生活背景、生活方式、個性、價值觀等的差異，讓我們的相處也存在著或多或少的困難，無所謂的希望或者失望、信任或者背叛，我們所能做的只能是相互尊重、相互包容、求同存異、真誠相對，而不必強求一致。

正是因為這種差異性的存在，在客觀上便要求我們要做到「求同存異」，即在尋找相互之間相同的地方的同時，也要尊重相互之間客觀存在的差異性，從而實現相互之間的合作。

因此，要做到「求同存異」，「尊重」是基礎，而且還需要有耐心、能包涵、心胸開闊。如果能將這一條與取長補短、開誠佈公協調運用，那麼，不僅雙方能表達得更為舒暢，而且還能從中學到不少的事物。

我們要逐漸學會求同存異，保留相同的利益要求，與人相處也要照顧別人的利益，在自己的利益與別人的利益之間求中間值，自己的利益和別人的利益都得到實現，畢竟沒有誰會讓自己完全吃虧，而讓你最大限度的獲益呢？

如果我們不懂得求同存異，那麼，我們就很有可能在面臨差異與分歧的時候相互爭鬥，最終使雙方都受到巨大的傷害。

在生活和工作中，我們也該本著「求同存異」的原則與他人相處。尋找人與人之間的共同點，往往是我們打造良好人際關係的開始，也是求同存異的前提條件，並且在共同點的基礎之上相互尊重對方的差異性，只有這樣才能與對方進行合作，並且最終取得雙贏的局面。

以「捨」醫治「貪」之大病

大師開示

一切都只為自己著想，不肯給予別人利益，管什麼別人的幸福，談什麼別人的安樂，他人的死活都與自己沒有關係，因此「貪」病就纏繞到我們的身上來了。假使懂得了捨，見到別人精神或物質上有困難，總是很歡喜的把自己的幸福安樂利益施捨給人，這樣「貪」的大病就不會生起了。

《聖經》中有這樣一句話：「人降臨世界的時候，手是合攏的。」似乎在說：「世界是我的。」人離開世界的時候，手是張開的，彷彿在說：「瞧！我什麼都沒有帶走。」生活就在收手和放手之間。在為自己著想時，也不忘給予別人，所得到的不僅僅是物質上的享受，還有心靈的寬慰。

人生常患大病，病由「貪」字而來。莊子就曾這樣形容：世上的人們所尊崇看重的，是富有、高貴、長壽和善名；所愛好喜歡的，是身體的安適、豐盛的食物、漂亮的服飾、絢麗的色彩和動聽的樂聲；所認為低下的，是貧窮、卑微、短命和惡名；所痛苦煩惱的，是身體不能獲得舒適安逸、口裏不能獲得美味佳餚、外形不能獲得漂亮的服飾、眼睛不能看到絢麗的色彩、耳朵不能聽到悅耳的樂聲；假如得不到這些東西，就大為憂愁和擔心。

無論是金錢、物質還是情感上，人們一旦享受過多，所求便會更多。然而貪字卻令人不知饜足，最後為了奢求而不擇手段，這一個「貪」字，竟是如此折磨人們，的確應當戒之。

有這樣一則歷史故事。彭澤年少時家貧，苦志勵學，明孝宗弘治三年考中進士，歷官至刑部郎中，後來因得罪有勢的宦官，被外放為徽州知府。

彭澤的女兒臨當出嫁，彭澤便用自己的俸銀做了幾十個漆盒當做陪嫁，派屬吏送回家中，彭澤的父親見後大怒，立刻把漆盒都燒了，自己揹著行李奔波幾千里來到徽州。

彭澤聽說父親突然來到，不知家中出了什麼大事，急忙出衙門相迎，卻見父親怒容滿面，一句話也不說。

彭澤見狀，也不敢造次發問，見父親滿面風塵，又揹負行李，便使眼色讓手下府吏去接過行李。

彭澤的父親更是有氣，把行李解下，擲到彭澤的腳下，怒聲道：「我揹著它走了幾千里地，你就不能揹著走幾步嗎？」

彭澤被罵得啞口無言，抬不起頭來，只得揹著行李把父親請進府衙。

彭澤父親進屋後，既不喝茶，也不落座，反而命令彭澤跪在堂下，府中官吏們紛紛上前為知府大人求情，全不濟事，彭澤只得跪在父親面前，卻還不知為了何事。

彭澤的父親責罵彭澤說：「你本是清貧人家子孫，如今做了幾天官，就把祖宗家訓給全忘了，皇上任命你當知府，你不想著怎樣使百姓安居樂業，兒去學著貪官的樣兒，把宮中財物往自己家搬，長此下去豈不成了禍害百姓的貪官？」

彭澤此時方知父親盛怒是為了何事，卻不敢辯解，府中衙吏替他辯白說東西乃是大人用自己俸銀所買，並非官家錢物。

彭澤的父親卻說：「開始時用自己的俸銀，俸銀不足便會動用官銀，現在不過是幾十個漆盒，以後就會是幾十車金銀。向來貪官和盜賊一樣，都是從小開始，況且府中官吏也是朝廷中人，並不是你家奴僕，你卻派人家跋涉幾千里為自己女兒送嫁妝，這也符合道理嗎？」

彭澤叩頭服罪，滿府官吏也苦苦求情，彭澤父親卻依然怒氣不消，用來時手拄的楞杖又痛打彭澤一頓，然後拾起地上還未解開的行李，逕自出府，又步行幾千里回老家去了。

彭澤受此痛責，不但廉潔自守，不收賄賂，而且不再掛心家裏的事，一心放在府中政務上，當年朝廷審核官員業績，以徽州府的政績最高。

彭澤受此庭訓，可稱得上是當頭棒喝，他以後為官一生，歷任川陝總督、左都御史、提督三邊軍務、兵部尚書等要職，都是掌握巨額軍費，不要說有心貪污，即便按照常例，也會累積一筆十代八代享用不盡的財富。彭澤卻為將勇，為官廉，死後破屋幾間，妻子兒女的生活都成問題。之所以能清廉如此，自當歸功於他父親的教育。

彭澤清廉一世，值得借鑒，只可惜難有人做到。事實上每個人都有慾望，都想過美滿幸福的生活，都希望豐衣足食，這在所難免，但不能把慾望變成不正當的欲求，變成無止境的貪婪。在自己得到幸福的時候，別忘了給予他人幫助，這便是佛家所說的佈施。佈施並不是要我們傾盡所有，而是一種依靠「捨」來消除奢求的弊病，讓自己的心胸敞開，而不要因為小名小利而變得心胸狹窄，惹人生厭。星雲大師給世人的啟示正是透過「捨」來醫治人們內心的貪婪，幫助人們回歸真善美的本性。生活中的許多時候，我們應當換一個方法思考自己的「失去」，需知有捨才有得，安知失去就不是福呢？

言而無信，則非人

大師開示

做事的態度不要空談，要落實！起心動念時要想我能不能做到？不可輕諾寡信，生活教育才是根本。

美國政治家羅斯福說：「做一個有信義的人勝過做一個有名氣的人。」也許有一天，你會失去你所擁有的地位、財富、權力，但是你做人的信用卻不會被時間沖刷掉，它是你人生無形的財富。經常用誠信點綴你的玲瓏芳心，自然會感受到生活的真實美好。

信，乃人性的底線、品格的基石，失去了信義，一切將不復存在。

在人與人之間，人與社會之間，一切都要言而有信，有偉大的胸襟，能夠愛人。假使一個人對這些都做到了，再和有學問、有道德的人做朋友以學習仁道，如果還有剩餘的精力，然後再「學文」，追逐自己的志向與興趣，則不失為一次美妙的人生之旅。

不僅星雲大師教導我們「不可輕諾寡信」，古往今來一切賢者莫不推崇誠信。在《論語》中，孔子曾說：「人而無信，不知其可也。大車無輗，小車無軏，其何以行之哉？」孔子說為人、處世、對朋友，「信」是很重要的，無「信」絕對是行不通的。

一個健康、美貌、機敏、才學、金錢、榮譽……完美的人死去了，上帝安排他進地獄，他不服，要求入天堂，於是他的鬼魂找到了上帝理論。

上帝笑了笑，問說：「你有什麼條件可以進入這極樂的天堂？」

鬼魂於是把陽間他所有的東西統統說出來，帶著炫耀的口氣，反問：「所有這些，難道不足以使我去天堂嗎？」

「難道你不知道，你缺少進入天堂的最重要的一種東西嗎？」上帝並不惱怒的說。

鬼魂嘿嘿地笑著說：「你已經看到了，我什麼都有，我完全應該進入天堂。」

「你忘了你曾經拋棄了一件最重要的東西。」上帝面對這個恬不知恥的鬼魂，有一點不耐煩，便直截了當地提醒他，「在人生渡口上，你拋棄了一個人生的背囊，是不是？」

鬼魂想起來了：年輕時，有一次乘船，不知過了多久，風起雲湧，小船險象環生。老艄公讓他拋棄一樣東西。他左思右想，美貌、金錢、榮譽……他捨不得。最後，他拋棄了「承諾」。但是鬼魂不服的說：「難道能夠僅是因為我沒有『承諾』，就被拒之光明的天堂而進入可怕的地獄嗎？」

上帝變得很嚴肅：「那麼，之後你做了些什麼？」鬼魂回想著：那次他回家後，答應母親要好好地照顧她，答應妻子永遠不會背叛她，答應朋友要一起做一番事業。後來，後來……他回想著，自己在外面有了情人，母親勸阻他，他對母親卻再也不聞不問，他不允許母親破壞他的「幸福」；他和朋友做生意，最後卻私吞了朋友那一份……

上帝看著陷入沉思的他，說：「看到沒有？由於不守承諾，你做了多少背信棄義的勾當。天堂是聖潔的，怎麼能容你這卑污的鬼魂？」

鬼魂沉默了，他不是無所不有，而是一無所有，親情、友情、愛情……統統隨承諾而去。他，一個卑污的鬼魂，只能下地獄！

「下地獄去吧！」上帝說完，飄然而去。

今天拿承諾開玩笑的人，明天就會成為地獄的鬼魂。

對於言而無信的人來說，地獄不是什麼遙遠的事情，他的現實存在與地獄相差無幾。許下諾言，就一定要去實現它，這是你在這個社會上立足的根本。你一再違背自己的諾言，就沒有人會相信你，在別人眼裏你也就成了一個十足的小人。

「大車無輗，小車無軏。」輗和軏都是車子上的關鍵所在。做人也好，處世也好，為政也好，言而有信是關鍵所在，有如大車的橫杆，小車的掛鈎，如果沒有了它們，車子是絕對走不動的。一個人失去信義，便無所依託，長此以往，別人對他只會敬而遠之。信口開河、言而無信，只會讓自己失去做人的從容與真摯，同時也失去別人的真誠以待。信，人之言為信，言而無信則非人。無論做什麼，經商也好，做學問也好，當官也好，言而有信都是第一位的。

生就是一種責任

大師開示

生是一連串的責任累積，責任是來自自我的要求和別人的期許。

責任，是一種天賦的使命。每個人來到這個世上，都需要承擔責任，沒有責任的人生是空虛的，不敢承擔責任的人是脆弱的。勇於承擔責任，才能獲得別人的尊敬和信任，獲得人生的成就感和自豪感。

每個人來到這個世上，都需要承擔責任，正如星雲大師所說：「生是一連串的責任累積」。為人的一生，要對自己負責，要對父母負責，要對子女負責，要對工作負責，要對社會和國家負責。沒有責任的人生是空虛的，不敢承擔責任的人生是脆弱的。

責任就是一種使命，每個人都有責任感，每個人都為不辱使命而努力。責任能激發人的潛能，也能喚醒人的良知。給人責任，也就是給了信任和真誠；有責任，也就成就了尊嚴的人生。

有一次，一個劫犯在搶劫銀行時被員警包圍，無路可退。情急之下，劫犯順手從人群中拉過一個人來當人質。他用槍頂著人質的頭部，威脅員警不要靠近，並且喝令人質要聽從他的命令。員警四面包圍，劫犯挾持著人質向外突圍。突然，人質大聲呻吟起來。劫犯忙喝令人質住口，但人質的呻吟聲越來越大，最後竟然成了痛苦的吶喊。劫犯慌亂之中才注意到人質原來是一個孕婦，她痛苦的聲音和表情證明她在極度驚嚇之下馬上要生產了。鮮血已經染紅了孕婦的衣服，情況十分危急。

一邊是漫長無期的牢獄之災，一邊是一個即將出生的生命。劫犯猶豫了，選擇一個便意味著放棄另一個，而每一個選擇都是無比艱難的。四周的人群，包括員警在內都注視著劫犯的一舉一動，因為劫犯目前的選擇是一場良心、道德與金錢、罪惡的較量。

終於，他將槍扔在了地上，隨即舉起了雙手。員警一擁而上，圍觀者竟然響起了掌聲。

孕婦不能自持，眾人要送她去醫院。已戴上手銬的劫犯忽然說：「請等一等好嗎？我是醫生！」員警遲疑了一下，劫犯繼續說：「孕婦已無法堅持到醫院，隨時會有生命危險，請相信我！」員警終於打開了劫犯的手銬。

不久，一聲洪亮的啼哭聲驚動了所有聽到的人，人們高呼萬歲，相互擁抱。劫犯雙手沾滿鮮血，是一個嶄新生命的鮮血，而不是罪惡的鮮血。他的臉上掛著職業的滿足和微笑，人們向他致意，而忘了他是一個劫犯。

員警將手銬戴在他手上，他說：「謝謝你們讓我盡了一個醫生的職責。這個小生命是我從醫以來第一個從我槍口下出生的嬰兒，他的勇敢征服了我。我現在希望自己不是劫犯，而是一名救死扶傷的醫生。」

責任，是上帝交給靈魂的使命，在我們的血液裏不停地流淌……一個罪犯的良知在面對責任時，竟變得純潔和虔敬，故事中的醫生在職責的召喚中，終於選擇了復活。這就是責任的力量！

責任的力量是無與倫比的：是責任使落葉歸根，是責任使烏鴉反哺，是責任促使運動場上的英雄為了國家而狂聲吶喊……無論是罪惡還是污穢，一旦遭遇責任這樣的主題，都會如陰暗角落裏的蟎類，在陽光中無處可逃。

第六章

對境無貪妄的平常心

「對境無貪妄，是名平常心。」這就是星雲大師所說的平常心。

宋代無門慧開禪師曾作《頌》詩曰：

「春有百花秋有月，夏有涼風冬有雪。若無閒事掛心頭，便是人間好時節。」

這種怡然自得的心境，這種日日是好日的灑脫超逸，

與星雲大師所言的平常心不謀而合。

心有判斷，不可人云亦云

大師開示

要養成是非觀念，不可人云亦云；今日的苟且，會養成日後的散漫。

人云亦云，其實就是一種從眾心理。這種以被動為前提的從眾，勢必使你的獨特失去價值。一味從眾便意味著自己失去了一片晴朗的天空，拋棄了一片屬於自己的領地有一個人白天在大街上跑，另外一個人看到了，也跟著跑，結果整條街的人都在跟著自己前面的人跑，場面相當壯觀，不清楚的人還以為發生什麼大事了。除了第一個人，大家並不知道自己跑的真正理由，僅僅因為第一個人的奔跑就帶動了其他人的跟進，就這樣整條大街的人都成了別人眼裏的瘋子。

這就是羊群效應，它的矛頭指向大眾的從眾心理。星雲大師就非常不喜歡這種人云亦云的人，他指出了養成獨立思考、獨立判斷，培養是非觀念的重要性。確實，世界上的事情，其實都有跡可循。凡事都要有自己的判斷，不人云亦云，才不會被事物的假象所迷惑，才能看到事物的真相。

有一位研究動物學的教授，對待學生很嚴厲，留的作業很多，考試題目很難，學生們苦不堪言，就想出很多惡作劇來捉弄他。

有一天晚上，教授正在屋裏睡覺，忽然聽到窗外傳來低沉的吼叫聲。教授抬頭一看，嚇了一跳，只見窗前趴著一隻兇猛的怪獸，長著老虎一樣的頭，兩顆牙齒露在外面，伸著血紅的舌頭，還長著兩隻碗口大的蹄子。牠用蹄子敲著玻璃，眼看就要衝進來了。

教授定了定神，卻指著窗口哈哈大笑起來，並且說：「別看你長著這樣一個可怕的頭，可是你卻有兩個蹄子，說明你是食草動物，不會吃肉的，又怎麼能傷害我呢？」說完，教授就倒在床上呼呼大睡起來。那個裝扮怪獸的學生十分慚愧，丟下道具便逃走了。

王充的《論衡》一書在當時被稱為「邪說」，但他卻堅持自己的觀點毫不動搖。如果他也人云亦云，恐怕早就沒有這本書的存在了。

漢代的人比現在的人要迷信，比如王充有一個朋友很怕鬼，晚上不敢一個人睡覺。一天晚上，又黑又冷，下著大雨，朋友怕極了，就來找王充壯膽。王充對他說：「自從開天闢地以來，不知道死了多少人，現在活著的人，比死了的人少多了。要是人死了都變成鬼，那麼路上一步就有一個鬼了。人要是能看見鬼，應該見到幾千幾百個，滿屋滿院都是，豈能只見到一兩個呢？再說，人也是萬物之一，萬物消亡不能變成鬼，怎麼單單人死了就能變成鬼呢？人之所以覺得世上有鬼，是因為疾病。人病了，精力不濟，心懷恐懼，就好像看見鬼出來了。」朋友聽了，覺得很對，就把心放下了。

這個時候，一個雷轟隆隆響過，外面人喊道：「有人被雷打死了。」王充跑出去，只見人們圍成一圈，紛紛議論說：「這個人一定做了壞事，否則怎能受到天神的懲處呢？」王充擠進人群，蹲下身子，觀察了一番，說道：「大家不要相信這種說法。這個人頭髮燒焦，皮膚焚毀，發出一股糊味，這正是被火燒死的跡象。雷不過是一種天火罷了，怎能說是天神發怒呢？」大家都覺得王充說得很有道理。

現在，我們自然不會再相信有鬼神，因為科學發達了，已經證明鬼神是不存在的。但是世界上的事情有千千萬萬，不是每一件我們都知道真相。這個時候，如果自己沒有判斷力，就很容易被人牽著鼻子走，有時候甚至會上當受騙。因此，凡事要堅持獨立思考，有自己的主見，絕不因苟且一時，養成日後的散漫，釀成禍患。

世間哪有十全十美

大師開示

一切事物均該留有餘地，十全十美至矣盡矣，並不是絕對好。

人生，永遠都是缺憾的。佛學裏把這個世界叫做「娑婆世界」；翻譯過來便是能容你許多缺陷的世界。本來這個世界就是有缺憾的，如果沒有缺憾就不能稱其為「人世間」。在這個缺憾的世間，便有了缺憾的人生。因此蘇東坡詞曰：「月有陰晴圓缺，人有悲歡離合，此事古難全。」

人的弱點總是與優點相伴而生，雷厲風行的男人可能粗率，文靜的女孩可能不善於交際，體貼的男人可能太過細膩，有主見的女人則多固執。正如蘇東坡希望「鱸魚無骨海棠香」的那種完美，而在現實中恰恰是：鱸魚鮮美卻多骨，海棠嬌媚但無香。

面對人生缺憾，星雲大師主張該留有餘地，他認為盡善盡美並不是絕對好，這與清人李密庵主張所謂「半」的人生哲學一樣，都在告誡世人不要過度追求圓滿。日本有一派禪宗書道在揮毫潑墨時，總留下幾處敗筆，意在暗示人生沒有百分之百的圓滿完美。更有日本東照宮的設計者因為自己覺得太完美，恐怕會遭天譴，故意把其中一支樑柱的雕花顛倒。

佛說，我們這個世界是「娑婆世界」，這個世界中的所有事物都是不圓滿的，因此，人要正視自己的不圓滿，不要過度追求圓滿。

國王有五個女兒，這五位美麗的公主是國王的驕傲。她們那一頭烏黑亮麗的長髮遠近皆知，所以國王送給她們每人一百個漂亮的髮夾。

有一天早上，大公主醒來，一如既往地用髮夾整理她的秀髮，卻發現少了一個髮夾，於是她偷偷地到了二公主的房裏，拿走了一個髮夾。

二公主發現少了一個髮夾，便到三公主房裏拿走一個髮夾；三公主發現少了一個髮夾，也偷偷地拿走四公主的一個髮夾；四公主如法炮製拿走了五公主的髮夾；於是，五公主的髮夾只剩下九十九個。

第二天，鄰國英俊的王子忽然來到皇宮，他對國王說：「昨天我養的百靈鳥叼回了一個髮夾，我想這一定是屬於公主們的，而這也真是一種奇妙的緣分，不曉得是哪位公主掉了髮夾？」

公主們聽到了這件事，都在心裏想：是我掉的，是我掉的。可是頭上明明完整地別著一百個髮夾，所以都懊惱得很，卻說不出口。只有五公主走出來說：「我掉了一個髮夾。」

少了一個髮夾的五公主披散著一頭漂亮的長髮，王子不由得看呆了，決定和五公主一起過幸福快樂的日子。

很多時候，人生並不總是因為全部擁有就感到幸福，相反卻因此而失去了很多的美麗，人生就像那九十九個髮夾，雖然不夠完美，但卻異常精彩，人生也正是因為這許多的缺憾，才使得未來有了無限的轉機、無限的可能性。

的確，生命就像是一首高低起伏的樂章，高低錯落才會顯得生動而鮮活，所謂「如不如意，只在一念間。」人生的真相便是「不如意之事十有八九。」人生的不圓滿是需要我們去面對和承認的事實，但另一方面，我們也可以換一個角度來對此進行分析，其實人生的缺陷和不圓滿也是一種美，太過一帆風順、太過於完美，反而會令我們感到膩味無限，心生厭倦而不值得珍惜了。

再輝煌的人生，也有陰影陪襯。我們的人生劇本不可能完美，但是可以完整。當你感到了缺憾，你就體驗到了人生五味，你便擁有了完整人生—從缺憾中領略完美的人生。法國詩人博納富瓦說得好：「生活中無完美，也不需要完美。」我們只有在鮮花凋謝的缺憾裏，才會更加珍視花朵盛開時的溫馨美麗；只有在人生苦短的愁緒中，才會更加熱愛生命擁抱真情；也只有在泥濘的人生路上，才能留下我們生命坎坷的足跡。

在這個世界上，每個人都有自己的缺憾。只有缺憾人生，才是真正的人生。

存平常心，做非常人

大師開示

平常心是一種透析世情、了悟人生的智慧，能以平常心處世，自能「超然物外見真章」。

保持平常心，保持真我，自然不為種種情感所困擾，鬱結難舒，也就能成就脫俗的自我，過得心情坦蕩，舒舒服服。

「對境無貪妄，是名平常心。」這就是星雲大師所說的平常心。宋代無門慧開禪師曾作《頌》詩曰：「春有百花秋有月，夏有涼風冬有雪。若無閒事掛心頭，便是人間好時節。」這種怡然自得的心境，這種日日是好日的灑脫超逸，與星雲大師所言的平常心不謀而合。

所謂的平常心，就是不管時空如何變化，不管人情如何轉變，始終心情平靜，不為瑣事費盡心思，不去勾心鬥角，每一天都活得輕鬆自在，自然時時都像過節一樣，使人興致高昂。

保持一顆平常心，做到無為、無爭、不貪、知足，保持對名利的淡泊心，對屈辱的忍耐心，對他人的仁愛心，做好每天該做之事，享受每一件事情帶來的快樂，自然會有足夠的力量來承擔生活中永恆存在的挫折和痛苦，也自然能夠獲得更純粹的幸福。

面對人生，我們要選擇閒看雲捲雲舒、花開花落的心境，選擇一種從容自在的人生態度，既要正視生活中的悲歡離合，做到寵辱不驚，也要正確定位自己的人生座標，做到自在隨意。

曾會學士與珊禪師是多年的好朋友。有一次學士外出，偶然遇到了雪竇禪師，於是他就寫了封介紹信給雪竇禪師，讓他到靈隱寺去找珊禪師，告訴他珊禪師一定會照顧他的。雪竇禪師欣然接受，然後拜別學士，雲遊去了。

這一別就是三年。有一次，曾會學士因為公事，來到了靈隱寺。他突然想起了三年前，曾介紹過雪竇禪師來這裡，於是便問珊禪師：「雪竇禪師現在怎麼樣了？」

珊禪師疑惑地說：「沒有這個人呀！是不是搞錯了？」

曾會學士說：「怎麼會錯呢？我親自介紹他來的！」

珊禪師十分為難，派人在寺中的上千僧眾中尋找了一遍，可是找了一上午，也沒有找到這個人。

曾會學士說：「您還記得拿我介紹信的那個人嗎？」

珊禪師搖搖頭說：「沒有啊！我從來沒有收到過你寫的介紹信呀！」

珊禪師看學士那麼著急想找到這個人，便和學士一起去找，可是找遍了每一個地方，就是不見雪竇禪師的蹤影。直到天快黑的時候，才在一個很破的屋子的角落裏找到了正在打坐的雪竇禪師。

曾會學士大喜地喊道：「雪竇禪師！」

雪竇禪師見是曾會學士，也感到十分驚喜，他與珊禪師各自作禮。珊禪師一見雪竇禪師，就看出他將來一定會有不一樣的造化。

各自寒暄了一陣子，曾會學士問說：「三年前我親筆寫的介紹信你給丟了嗎？為什麼不給珊禪師看呢？害得你住在這樣的房子！」

雪竇禪師從衣袖裏取出原封不動的介紹信還給曾會學士，說道：「我只是一個雲遊的和尚，沒有什麼渴求，為什麼要請人介紹呢？」

雪竇禪師保持著這樣的平常心：堅信只要自己努力，就不會被淹沒，因而從未將自己置於某種特殊的位置。他保持著最本真的自我，也在這種平靜與坦然中成就了非凡的人生價值。在雪竇禪師心中，自己只是一名雲遊僧，無慾也無求，掙脫世俗的誘惑，拋棄名利的紛擾，雖默默無聞卻終成正果。

很多人在春風得意時都容易喜形於色，在沾沾自喜中迷失自我。能夠始終保持低調的行事作風的人總是少數，他們無論任何情況下都不顯山露水，卻往往能在「不顯不露中出頭」，這才是智者的幸福哲學。

生命是一種緣，是一種必然與偶然互為表裏的機緣。有時候命運偏偏喜歡與人作對，你越是挖空心思想去追逐一種東西，它越是想方設法不讓你如願以償。這時候，癡愚的人往往不能自拔，思緒萬千，越想越亂，陷入了自己挖的陷阱裏；而明智的人明白知足常樂的道理，他們會順其自然，不去強求不屬於自己的東西。

事實上，生活中的太多東西是不可以強求的，那些刻意強求的某些東西或許我們終生都得不到，而那些不曾期待的燦爛往往會在我們的淡泊從容中不期而至。因此，面對生活中的順境與逆境，我們應當保持「隨時」、「隨性」、「隨喜」的心境，順其自然，以一種從容淡定的平常心來面對人生的種種悲歡離合。應知平常即是福，顛沛才是苦。我們應該在歡樂與苦痛中，享受生活的賜予。

成為大海，則在污穢之川而自清

大師開示

人生是污穢的川流，要含納這川流而不失其清潔，人必須成為大海。

作家雨果曾經說過：**「比海洋寬闊的是天空，比天空更寬闊的是人的心靈。」**一個人的天際、心海越低淺，人生就越容易擱淺，一個人的天際、心海越高闊，人生則越順當自在。

一個人有多大的靈性，就在於他的心靈具有多大的靈性。生活是充滿艱辛苦痛的，人生必然藏汙納垢，充滿劫數，能度人的不是任何人或事物，只有你自己。如果想要過得快樂，必須讓自己容納一切，心寬如海，靈動包容，才能淨化一切，在苦中嘗到些許甜意。

禪宗典籍《五燈會元》上曾記載這樣一則故事：德山禪師在尚未得道之時曾跟著龍潭大師學習，日復一日地誦經苦讀，日子久了，這讓德山禪師有些忍耐不住，有一天，他跑來問師父：「我就是師父翼下正在孵化的一隻小雞，真希望師父能從外面儘快地啄破蛋殼，讓我早日破殼而出啊！」

龍潭禪師笑著說：「被別人剝開蛋殼而出的小雞，沒有一個能活下來的。母雞的羽翼只能提供讓小雞成熟和有破殼力的環境，你突破不了自我，最後只能胎死腹中。不要指望師父能給你什麼幫助。」

德山禪師聽完後，滿臉迷惑，還想開口說些什麼，龍潭禪師說：「天候不早了，你也該回去休息了。」德山禪師撩開門簾走出去時，看到外面非常黑，就說：「師父，天太黑了。」龍潭禪師便給了他一支點燃的蠟燭，他剛接過來，龍潭禪師就把蠟燭熄滅，並對德山禪師說：「如果你心頭一片黑暗，那麼，什麼樣的蠟燭也無法將其照亮啊！即使我不把蠟燭吹滅，說不定哪陣風也要將其吹滅啊！只有點亮心燈一盞，天地自然成了一片光明。」

德山禪師聽完後，如醍醐灌頂，後來果然青出於藍，成了一代大師。

生活中經歷的每一次滄海桑田變幻，感受的每一次悲歡離合，都需要我們用心慢慢地去體會、去感悟。如果我們的心是暖的，那麼在自己眼前出現的一切都是燦爛的陽光、晶瑩的露珠、五彩繽紛的落英和隨風飄散的白雲，一切都變得那麼愜意和甜美，無論生活有多麼清苦和艱辛，都會感受到天堂般的快樂。心若冷了，再熾熱的烈火也無法給這個世界帶來一絲的溫暖，我們的眼中也充斥著無邊的黑暗，冰封的雪谷，殘花敗絮般的淒涼。

在一座偏僻遙遠的山谷裏的斷崖上，不知何時，長出了一株小小的百合。它剛誕生的時候，長得和雜草一模一樣，但是，它心裏知道自己並不是一株野草。它的內心深處，有一個純潔的念頭：「我是一株百合，不是一株野草。唯一能證明我是百合的方法，就是開出美麗的花朵。」它努力地吸收水分和陽光，深深地紮根，直直地挺著胸膛，對附近的雜草置之不理。

在野草和蜂蝶的鄙夷下，百合努力地釋放內心的能量。百合說：「我要開花，是因為知道自己有美麗的花；我要開花，是為了完成作為一株花的莊嚴使命；我要開花，是由於自己喜歡以花來證明自己的存在。不管你們怎樣看我，我都要開花！」

終於，它開花了。它那靈性的白和秀挺的風姿，成為斷崖上最美麗的風景。年年春天，百合努力地開花、結籽，最後，這裡被稱為了「百合谷地」。因為這裡到處是潔白的百合。

任何人在人生開始，都像一株不起眼的百合，它狀如野草，實則內涵秀骨。外界的污穢常會沾染到它，但它如果始終保持堅貞，容納一切營養，接受一切污穢，用自身的包容來淨化穢物，那麼它將永遠不失其節。

宋代禪僧茶陵郁曾有一首悟道詩：「我有明珠一顆，久被塵勞關鎖。今朝塵世光生，照破山河萬朵。」塵鬧道鎖了太多人的心靈，要破網而出，只有心寬大過塵網，如海納千般穢物才能到達歡樂的人生聖境。

人忙心不忙

大師開示

工作與休息要互相調理，在工作中，不感覺到辛苦；在休息時，培養隨時都可以再工作的活力，就能做到人忙心不忙的安然態度。

忙碌是一種生活狀態，但不應該成為心靈的常態。若只能從忙碌中體會到煩惱與紛擾，便很難體驗到遊刃有餘、自由灑脫的心境。在忙碌的世俗生活中，保持一種平常心，將忙碌的勞累與不快沉澱到心底，並用歲月將其風乾成一種曾經奮鬥的記憶，才是在工作中獲得快樂的方法。

「人忙心不忙」，星雲大師的這句話看似簡簡單單，卻給忙碌的現代人無盡的啟示。

工作，是現代人生存的常態，無論男女，在農村也許因季節的變化，你會享受片刻的休息時光，但是一旦來到城市這個大機器裏，你要想活著，必須把自己變成一顆螺絲釘，隨著城市一起運轉；否則，你的結局只能是被拋到城市之外。所以，你必須工作。

但是，如果你單純用工作來填充自己的人生，那你的人生就只剩下了一種顏色─灰色。工作帶來的壓力，工作中的人際關係，上下級的關係，會讓你倍感焦慮，於是漸漸的，你就會陷入一種亞健康狀態。是的，很多現代人都有這種狀態，這時，你就要轉換對工作的態度，首先要把工作視為一種興趣，帶著激情去工作。

美國石油大王洛克菲勒也是由衷地熱愛自己的事業，他曾這樣說：「我永遠也忘不了我做的第一份工作的經歷。那時，我雖然每天天剛天亮就得去上班，而辦公室裏點著的鯨油燈又很昏暗，但那份工作從未讓我感到枯燥乏味，反而很令我著迷喜歡，連辦公室裏的一切繁文縟節都不能讓我對它失去熱情。結果是雇主總在不斷的為我加薪。」他還說：「我從未嘗過失業的滋味，這並非我的運氣好，而在於我從不把工作視為毫無樂趣的苦役，我能從工作中找到無限的快樂。」洛克菲勒在給兒子的信中，也這樣寫道：**「如果你視工作為一種樂趣，人生就是天堂；如果你視工作為一種義務，人生就是地獄。」**

若想人生不變成地獄，就請牢記這句話：視工作為一種樂趣。當然在工作的同時，你還要學會享受生活，把生活當做一門藝術來看，隨時放慢自己前進的腳步，讓你的心鬆口氣，你將收穫不一樣的風景。

人生就像登山，不是為了登山而登山，而應著重於攀登時的觀賞、感受與互動，如果忽略了沿途風光，也就體會不到其中的樂趣。人們最美的理想、最大的願望便是過上幸福生活，而幸福生活是一個過程，不是忙碌一生後才能到達的一個頂點。

俗話說：「磨刀不誤砍柴工。」悠閒與工作並不矛盾。處理好二者的關係，最重要的是要能拿得起、放得下。工作時要全身心投入，高效運轉；放鬆時要徹底放鬆，把工作完全放在一邊，不要總是牽腸掛肚。

其次就是工作、休閒應該搭配得當，不能忙時累個半死，閒時又閒得心慌。可以隔三差五地安排一個小節目，比如雨中散步、週末郊遊等。適時的忙裏偷閒，可以讓人從煩躁、疲憊中及時解脫，從而獲得內心的平靜和安詳。

人的心靈就是一方廣袤的天空，它包容著世間的一切；心靈是一片寧靜的湖水，偶爾也會泛起陣陣漣漪；心靈是一塊皚皚的雪原，它輝映出一個繽紛的世界。塵世間，無數人眷戀轟轟烈烈，為了金錢，或者為了名利而沒頭沒腦地聚集在一起互相排擠、相互廝殺。而生活的智者卻總能留一江春水細浪淘洗勞碌之身軀，存一顆閒靜淡泊之心，寄寓靈魂。行走在職場的你更需要這樣一種心境，別忘了，人忙，心不能忙！

至善無痕

大師開示

成功的定義，不一定是用地位和財富來界定，應該是堅持良善的真心，利益他人的信念，不受動搖，至情無悔。

想成佛，就要依循行為上的善行成就，福德成就，自然可以成佛。所以學佛只有兩種要事，一個是智慧資糧，一個是福德資糧。譬如我們現在研究《金剛經》，以及所有的佛經，都是找智慧，就是儲備智慧的資糧。諸惡莫作，眾善奉行，是找福德的資糧，智慧不夠不能成佛，雖有智慧，福報不夠也不能成佛。

究竟怎樣才能成佛呢？參禪打坐，雲遊四海？成佛很困難嗎？需要幾十年甚至一生的艱苦修行？星雲大師給出的答案是：「浩瀚的佛經有九千多卷，其實只要我們能謹守這八字真言，『諸惡莫作，眾善奉行』，即可消災免難，如意安康。」

唐代詩人白居易喜歡佛法，有一次，他聽說鳥巢禪師的修行相當高，於是專程到鳥巢禪師的住處去請教。白居易問鳥巢禪師：「佛法的大意是什麼？」鳥巢禪師回答說：「諸惡莫作，眾善奉行。」白居易鼻孔裏哼了一聲，說：「這個，三歲的小孩也知道這麼說。」

鳥巢禪師說：「雖然三歲的小孩也說得出，但未必八十的老翁能夠做到。」白居易心中服膺，便施禮退下了。

白居易聽到禪師的答案，不以為然，認為佛法就這麼簡單嗎？但禪師的回答卻是發人深省的，這麼簡單的道理有幾個人能夠真正奉行呢？如果某人真能奉行，那他就真的離成佛不遠了。

做人也是如此，成就圓滿，就要有至善的心，以一顆愛心惠及他人，不僅可以溫暖他人，也能實現自己的生命價值。

小鎮上有一家菜攤，平時顧客不多，因為這裡的人都比較窮，買不起菜。不過，經常有些窮人家的孩子來這裡遊玩。雖然他們只是在玩，可是店主還是像對待大人一樣與他們打招呼。「孩子們，今天還好吧？」

「我很好，謝謝。老闆，這些馬鈴薯看起來真不錯。」

「可不是嘛。你媽媽身體怎麼樣？」

「還好，一直在好轉。」

「那就好。你想要點什麼嗎？」

「不，先生。我只是覺得您的馬鈴薯真新鮮！」

「你要帶點兒回家嗎？」

「不，先生。我沒錢買。」

「用東西交換也可以呀！」

「哦……我只有幾顆贏來的彈珠。」

「真的嗎？讓我看看。」

「給您看。這是最好的。」

「看得出來。嗯，只不過這是個藍色的，我想要個紅色的。你家裏有紅色的嗎？」

「應該有吧！」

「這樣，你先把這袋馬鈴薯帶回家，下次來的時候讓我看看那個紅色彈珠。」

「一定。謝謝您，老闆。」

每次店主和這些小孩子交談時，店主的太太就會默默地站在一旁，面帶微笑的看著他們。她熟悉這種遊戲，也理解丈夫所做的一切。

鎮上很多貧困的人家沒有錢買菜，也沒有任何值錢的東西可以交換。為了幫助他們，他就這樣假裝著和孩子們為一顆彈珠討價還價。就像剛才的這個孩子，這次他有一顆藍色的彈珠，可是店主想要紅色的，下次他一定會帶著紅色彈珠來，到時候店主又會讓他再換個綠的或橘紅的來。當然打發他回家的時候，一定會讓他提上一袋子上好的蔬菜。

許多年過去了，店主因病去世。鎮上所有的人都去向他的遺體告別，包括以前那些和他交換東西的孩子們，而今他們都已經成了社會上的成功人士。

店主太太站在丈夫的靈柩前。孩子們走上前去，逐一擁抱她，親吻她的臉頰，和她小聲地說幾句話。然後，她淚眼濛濛地目視他們在靈柩前停留，看著他們把自己溫暖的手放在店主冰冷蒼白的手上。

我們很難估量做善事對一個人生命價值的影響。做善事並不是為了引起別人的關注，生命需要我們做的是敞開心扉愛他人，真誠地愛他人，去寬慰失意的人，安撫受傷的人，激勵沮喪洩氣的人。至善無痕，讓施與心就像玫瑰花一樣散發芬芳吧。

第七章 成功的人生意義

現實中，人們常說：「這是在數著日子過嘍」、「如今只有吃喝等死了」……說這種話的人為什麼不去找一些有意義的事做呢？

殊不知，真正對有意義的事投入熱情的人，是不會在意時間的流逝的。

人的一生可能燃燒也可能腐朽，只有活出生的意義，

才能在每一次回憶時，我們的內心中都能不感到愧疚。

人生苦短，把握當下

大師開示

人只要生下來，世界就有我們的一份，凡事為此而努力。珍惜自己所擁有的一份，否則因緣際會，一錯過時機，因緣又不一樣了。人生苦短，要好好把握當下。

世人之所以總是會有這樣或者那樣的煩惱，是因為人們總是在回憶過去或憧憬未來，而往往忽視了我們生活的「當下」。一個真正懂得「活在當下」的人，才能做到「快樂來臨的時候就享受快樂，痛苦來臨的時候就迎著痛苦」。在黑暗與光明中，既不迴避，也不逃離，以坦然的態度來面對人生。

道家有一種說法：不忘記自己從哪兒來，也不尋求自己往哪兒去，承受什麼境遇都歡歡喜喜。忘掉死生，像是回到了自己的本然，這就叫做不用心智去損害大道，也不用人為的因素去幫助自然，這就叫「真人」。也就是人生活著的價值。

活著是什麼，即是對現有的生命坦然而受之，天冷了就穿衣服，天熱了就脫衣服，受而喜之。世間的因緣際會太多，一些時機被錯過，因緣之路就會出現截然不同的方向。所以星雲大師才發出感慨：「當下一旦有了機會，就應該牢牢把握、為此努力，否則豈不渾渾噩噩一生。」

「活在當下」，其真正含義來自禪道思想。有人問一個禪師，什麼是活在當下？禪師回答說：吃飯就是吃飯，睡覺就是睡覺，這就叫活在當下。是的，最重要的事情就是現在你做的事情，最重要的人就是現在和你一起做事情的人，最重要的時間就是現在，這種觀點就叫活在當下，它是直接可以操作的。

有一天老禪師帶著兩個徒弟，提著燈籠在黑夜行走。一陣風，火滅了。

「怎麼辦？」徒弟問。

「看腳下！」師父答。

當一切變成黑暗，後面的來路，與前面的去路，都看不見，如同前世與來生，都摸不著。我們要做的是什麼？

當然是：「看腳下，看今生！」

許多人都相信前世與來生。因為那讓我們在面對今生的不幸時，能用前世做藉口，說那是前世欠下的債，需要今生受苦來償還。也能在面對今生的不滿時，用來生做憧憬，說可以等待來生去實現。

問題是，哪個「今生」不是「前世」的「來生」？哪個「來生」不是「來生」的「今生」？

來生的緣，可以是今生結下的；來生的果，可以是今生種下的。前世的債，今生正在還。還不清，來生還得繼續。前世的緣，今生正在實現，好不容易盼到了，還不好好把握？

有個小和尚負責清掃寺院裏的落葉。這是件苦差事，秋冬之際，每次起風，樹葉總是隨風飛舞。每天早上都需要花費許多時間才能清掃完樹葉，這讓小和尚頭痛不已。他一直想要找個好辦法讓自己輕鬆些。後來有個和尚跟他說：「你在明天打掃之前先用力搖樹，把落葉都搖下來，後天就可以不用掃落葉了。」小和尚覺得這是個好辦法，於是隔天他起了個大早，使勁地猛搖樹，以為這樣就可以把今天跟明天的落葉一次掃乾淨了，他一整天都很開心。

第二天，小和尚到院子裏一看，不禁傻眼了，院子裏如往日一樣滿地落葉。老和尚走了過來，對小和尚說：「傻孩子，無論你今天怎麼用力，明天的落葉還是會落下來。」小和尚終於明白了，世上有很多事是無法提前的，唯有認真地活在當下，才是最真實的人生態度。

佛家常勸世人要「活在當下」。所謂「當下」就是指：你現在正在做的事、待的地方、周圍的人；「活在當下」就是要你把關注的焦點集中在這些人、事、物上面，全心全意認真去接納、體驗這一切。活在當下是一種全身心的投入人生的生活方式。當你活在當下，沒有過去拖在你後面，也沒有未來拉著你往前時，你全部的能量都集中在這一時刻，生命因此具有一種強烈的張力。然而大多數的人都無法專注於「現在」，他們總是想著明天、明年甚至下半輩子的事，時時刻刻都將力氣耗費在未知的未來，卻對眼前的一切視若無睹，便永遠也不會得到快樂。當你存心去找快樂的時候，往往找不到，唯有讓自己活在「現在」，全神貫注於周圍的事物，快樂便會不請自來。

或許人生的意義，不過是嗅嗅身旁每一朵芳香宜人的花，享受一路走來的點點滴滴而已。畢竟，昨日已成歷史，明日尚不可知，只有「現在」才是上天賜予我們的最好的禮物。

人生無常，很多事情都不是我們能預料的，我們所能做的只是把握當下，珍惜擁有。

慢的藝術

大師開示

不能一味的求速成，所謂：「飯未煮熟，不能妄自一開；蛋未孵成，不能妄自一啄。」人間萬事都有其平衡之道，「慢慢來」是對治速成之弊的重要法寶，況且慢不一定代表低效。

世上許多人鑽營忙碌了一輩子，究竟為誰辛苦為誰忙？到頭來自己都無所適從。依照老子的觀點，若想生活得充實而從容，只需記住兩個字：徐生。

徐，有緩慢的意思，只有明明白白、充滿意義的「動之徐生」，才能心平氣和、生生不息。南懷瑾先生強調，「動之徐生」是做人做事的法則，佛家要人做一切事都不暴不躁，不亂不濁，一切悠然「徐生」，態度從容，怡然自得。

曾經，有一個牧師在他的佈道詞裏講了一個，「牽著蝸牛去散步」的故事：

上帝有一次交給我一個任務，叫我牽一隻蝸牛去散步。可是蝸牛爬得實在太慢了。我又是催促、又是責備、又是嚇唬，可是蝸牛只是用抱歉的眼光看著我，彷彿在說：「我已經盡全力了！」

我又氣又急，對蝸牛又拉又扯又踢，蝸牛受了傷，爬得更慢了。我真想丟下蝸牛不管，但心想上帝讓我這樣做一定是有道理的。我只好耐著性子，讓蝸牛慢慢爬，自己則以一種近乎靜止的速度跟在後面。

就在這時，我突然聞到了花香，原來這裡是個花園。接著，我聽見了鳥叫蟲鳴，感到微風拂面的舒適。後來，我還看到了美麗的夕陽、燦爛的晚霞，以及滿天的星斗。

我這時才體會到上帝的用心：「他不是叫我牽蝸牛去散步，而是叫蝸牛牽我去散步呀！」

生命的節奏就像河流的奔湧，有急有緩，既有「星垂平野闊，月湧大江流」的舒緩從容，又有「亂石穿空，驚濤拍岸，捲起千堆雪」的激烈緊迫。一張一弛，乃生活之道也。哪能一味的急迫，一味的悠忽？一味的急迫，生命就顯得狹窄；一味的悠忽，生命就顯得虛無。只有急緩相當，張弛有度，你才能像牧師一樣，在人坐中享受到絕美風景，獲得出乎意料的驚喜。

人們常說，慢工出細活，笨鳥先自飛。萬物都是平衡而有序的，當你急切地想要某件事情成功時，也許你恰恰背離了它成功的條件。許多事與物都需要時間的雕琢，才能變得更完美，更引人思考。一個人拿著畫筆，終日畫來畫去，可是卻從不曾用心體悟和感受所畫之物的神髓，所以他永遠也無法出現不朽的名作。而一個默默無名的畫者，用一生的時間去感受一處風景裏蘊含的靈動，並將其神韻融入自己的唯一一幅畫中。相信任何人看了這幅畫，都會感動得落淚，因為後者將自己的感情和對生命的感受都融入了畫裏。

千萬不要怕生活的節奏慢了下來，要知道：做事過於焦急，生活節奏過快，總會令我們失去喘息的機會，到最後反而變得窒息。萬事在急於求成的人面前，都會調皮地搗亂，令你措手不及。當我們感到疲累的時候，不如靜下心來，放慢腳步，欣賞沿途風光的秀美：春花的蓬勃燦爛，夏雨的專注猛烈，秋月的寂寥淡遠，冬雪的晶瑩無瑕，小溪的吟唱，蟋蟀的彈奏，鳥兒的唱歌……這樣令人靈魂為之震撼的美如果就此與我們擦肩而過、失之交臂，將是多麼可惜的事情。

也許我們放棄了舟馬，但收穫了滋潤的心靈；疲憊的身體，卻點燃了追尋夢想的激情。在人生路上慢慢地行走著，用一顆探求的心靈，攜一份悠閒淡泊的神思，看一看世間的百態，品一品人生的甜苦，聽一聽鳥鳴蟲嘶，嗅一嗅芳草鮮花，不需做高深的評論，只需用心去感觸、去領悟，你就會發現生活是如此五彩繽紛。

在星雲大師的奧妙無窮的佛法當中，我們靜靜地感受萬物的平衡，去體悟生命帶給我們的無窮美妙。

誰在做物質的奴隸

大師開示

為避免物役，從「不要」當中去擁有更寬廣的精神境界。

「物物而不物於物」，莊子說這話的時候，大概沒有想到「物慾橫流」這個詞會成為流行。物質崇拜或物質信仰，確實讓現代人迷失了方向。從古代追逐名利不顧仁義廉恥的人，到時下「以命搏錢」的人，其實都是物質的奴隸，而很多人甘願做物質的奴隸，這是社會的悲哀，還是個體的悲哀？

每個人的煩惱都有兩個來源，一是自身的慾望，再一個就是外物，如金錢、權力、華屋、名聲、美色、佳餚等等，它們誘惑著人們，也煩惱著人們。

如何面對這些外物，星雲大師的觀點是：「從『不要』當中去擁有更寬廣的精神境界。」這與莊子的話有異曲同工之妙。《莊子・內篇・應帝王第七》寫道：「至人之用心若鏡，不將不迎，應而不藏，故能勝物而不傷。」即來去隨緣，而不是執著的求取，是隨時放下，而不是貪念叢生。

有一個富翁揹著許多金銀財寶，到遠處去尋找快樂。他走過了千山萬水，卻始終未能尋找到快樂，於是他沮喪地坐在山路旁。一農夫揹著一大捆柴草從山上走下來，富翁說：「我是個令人羨慕的富翁。請問，為何我沒有快樂呢？」

農夫放下沉甸甸的柴草，舒心地擦著汗水說：「快樂很簡單，放下就是快樂！」富翁頓時開悟：自己揹負著那麼重的珠寶，老怕別人搶，怕被別人暗算，整天憂心忡忡，快樂從何而來？於是，富翁將珠寶、錢財接濟窮人，專做善事，慈悲為懷。善行滋潤了他的心靈，他也嘗到了快樂的味道。

放下就是快樂，但放下又何其艱難，現代文明加強了人對外物的依賴，人們也以追求物質為最高的人生理想和最美好的人生享受。因此很多人在中國老太太與美國老太太例子的比較中猛醒：拚命賺錢最後享受，不如提前預支未來的金錢現在享受。於是有了一個新名詞：房奴。接下來又出現了卡奴、電腦奴等等。雖然我們早已走出奴隸社會，進入二十一世紀，但我們的精神卻受著另外一種奴役，物質沒有被當做物質，人反而成為物質的奴隸，成為物質的工具，這確實是莫大的諷刺。

其實外物都是虛假的，即使我們把它追到手，也不會感到滿足，反而會使人生出更多更大的慾望來。而這一切都是無根的，都是會走到盡頭，走向反面的，富不過三代是一例，樂極生悲也是一例。正如《金剛經》所說：凡是叫得出名字的東西，都是虛幻不實的，如來是佛的一個名號，他告訴人們，叫得出名字的東西都是不真實的。為什麼？因為只要有名字，就一定是有形象的具體事物，而一切形象狀態，都是虛幻的。

因此，不如保持一顆平靜的心，學會「物來而應，過去不留」，適當放下，這不僅是一種瀟脫，更是參透萬物後的一種平和。只有放下那些過於沉重的東西，才能得到心靈的放鬆。當某一件東西帶給你的只有無盡的煩惱和憂愁，各式各樣的負擔如山一般壓在你的身上，讓你不能自由呼吸，那麼最明智的辦法就是捨棄它，赤裸裸來去無牽掛，快樂自然會回到你的身邊。

不畏，路即在眼前

大師開示

因為所怕的事情很多，多數人活在不安的恐懼之中，所以觀世音菩薩能為眾生「施無畏」，因此特別受到大眾信仰。

維特革斯坦也說：「勇氣通往天堂之途，懦弱往往敲開地獄之門。」懦弱是人性中勇敢品質的「腐蝕劑」，時時威脅著我們的心靈。只有在生命中注入勇氣，才能幫助你斬斷前進途中纏繞在腿腳上的蔓藤和荊棘。

星雲大師曾講了這樣一個故事：

一個年輕人準備出去闖蕩，動身前拜訪了老族長，請老族長給他一些提醒。老族長正在練字，就揮毫寫下「不要怕」三個字，接著說道：「孩子，人生的秘訣有六個字，今天先告訴你三個，供你半生受用。」多年以後，當年的遊子取得了很大的成就，也添了很多煩惱。回到家鄉，他又去拜訪那位老族長，不料老人家已在幾年前去世，族長家屬取出一個密封的信封說：「這是他生前留給你的，他說有一天你會再來。」遊子打開信封後，又看到了三個字：「不要悔。」

星雲大師以此告訴我們，你怕的事情太多，就會生活在恐懼之中，因此要有無畏心，要有勇氣，人生才能減少許多的痛苦。魯迅先生曾說：「人生的旅途，前途很遠，也很暗。然而不要怕，不怕的人的面前才有路。」

某大學中文系的小趙，大學期間他埋頭寫作，發表了一百多塊「豆腐乾」。畢業前，學校老師指著一則招聘啟事說：「這家報社在我們省城知名度最高，效益最好，他們正在招聘編輯，你快去試試。」小趙拿過報紙一看，對老師說：「我不符合條件，他們要求的編輯實際工作經驗必須二年以上。」老師笑笑說：「你的作品就是一塊響亮的敲門磚，或許報社裏有些編輯記者的水準還不如你呢！」小趙又說：「那麼多人應徵，怎麼會看上我呢？」老師說：「你見過總編輯了？你瞭解過全部競爭對手的情況了？」小趙說：「沒有。」老師說：「那你到底怕什麼？」怕應徵的小趙後來拎著一袋報刊去見總編輯，居然被破格錄用。

生活中，你也曾有過畏懼「不行」的經歷吧？

面對上司交代給你的一項不屬於你份內的且有些難度的工作，你是不是不無怯意地拒絕說：「對不起啊老闆，我……怕不行！」

這樣的事情或許天天發生在我們的周圍。看似簡單的幾個字卻恰恰暴露出你的自卑心理，機會或許就在你面前，而你卻說「我不行」，機會也就從你的身邊溜走了。

一個想要獲得成功的人必須對自己有信心，如果一個人連自信都失去了，那麼他要想得到成功，恐怕只能是幻想。

約翰．穆勒說：「除了恐懼本身之外沒有什麼好害怕的。」「如果你是懦夫，那你就是自己最大的敵人；如果你是勇士，那你就是自己最好的朋友。」美國最偉大的推銷員弗蘭克也如是說。

吉姆．伯克晉升為約翰森公司新產品部主任後的第一件事，就是要開發研製一種兒童所使用的胸部按摩器。然而，這種產品的試製失敗了，伯克心想這下可要被老闆炒魷魚了。

伯克被召去見公司的總裁，然而，他受到了意想不到的接待。「你就是那位讓我們公司賠了大錢的人嗎？」羅伯特．伍德．約翰森問道。「好，我倒要向你表示祝賀。你能犯錯誤，說明你勇於冒險。而如果你缺乏這種精神，我們的公司就不會有發展了。」數年之後，伯克本人成了約翰森公司的總經理，他一直牢記著前總裁的這句話。

充滿勇氣，你就能比你想像的做得更多更好。在勇於挑戰困難的過程中，你就能使自己的平淡生活變成激動人心的探險經歷，這種經歷會不斷的向你提出高標準，不斷的獎賞你，也會不斷的使你恢復活力，使你滿懷創造力。

許多時候，問題並沒有想像中的那般巨大恐怖，其實恐懼來自於一個人的內心。當還未去嘗試的時候，自己已經給自己下結論「我肯定是不行的」，這樣就已經放棄了很好展示自我的機會。其實當我們感到害怕時，與其向「恐懼」投降，不如理智地判斷一下，如果害怕是不必要的，那就試著從心底消除恐懼、戰勝恐懼。只有不畏前路，路便在眼前。

耐煩有恆，即為非常人

大師開示

為學之道在安於淡泊，十年歲月埋頭苦幹，在學習過程中不輕易說「我不會」。遇到瓶頸時要自我突破，沒有寒徹骨的歷練，那有梅花的芬芳？

俗話說得好：滾石不生苔，堅持不懈的烏龜能快過靈巧敏捷的野兔。人如果能夠持之以恆，不怕辛苦，埋頭苦幹，必能成為擊敗困難的征服者，獲得成功。

星雲大師常常將身心浮動的人比作滾動的石頭，滾動的石頭無法長出苔蘚，從而也很難成為堅固不移的磐石。現在的年輕人，往往缺少耐心，在一個地方住太久了就開始厭倦，讀書讀久了也不耐煩，工作時間不長就計畫著跳槽，最後常常一無所得，絲毫沒累積到有用的經驗。

年輕人好「不耐煩」的毛病，病因在於「無恆」，而恆心卻極為重要。星雲大師開示說：「因為耐煩有恆，讀書才會通曉；因為耐煩有恆，做人才能通達；因為耐煩有恆，修行才有成就；所以說『耐煩做事好商量』。」

俗話說：「有恆為成功之本。」無論做任何事情，恆心都是不可缺少的。如果沒有恆心，即使掘井九仞，如果不再繼續，仍然沒有水喝，所有的努力到最後都會功虧一簣。持之以恆的人會在人生的後程發力，經過長時間的積蓄，厚積薄發，往往能笑到最後。

在星雲大師的故鄉，曾經有一位年輕貌美的信女，她的母親得了一場重病，當所有人都覺得老人在劫難逃時，她的母親卻奇蹟般地康復了。信女相信這是由於觀世音菩薩的保佑，因此發願要用頭髮來繡一尊二丈高的觀音聖像。六十年過去，當這位年輕貌美的小姐已經變成老態龍鍾的老太婆時，這幅神態莊嚴、面相慈祥的觀音聖像也終於繡好了，此時，她那一雙秋水般的眼睛也早已瞎了。當有人大嘆「不值」時，她卻淡定地微笑著。時至今日，依然有人為她持之以恆的精神所感動，連星雲大師都不由得讚嘆：「她的耐煩有恆，非常人所能及！」

人生的定論並非單純是由個人稟賦決定的，如能保持堅毅的決心，付出努力，一樣可以一步步接近成功的終點。

弟子們問禪師：「師父，如何才能成功呢？」

禪師對弟子們說：「今天我們只學一件最簡單也是最容易的事。每個人把胳膊儘量往前甩，然後再儘量往後甩。」說著，禪師示範了一遍，說道：「從今天開始，每天做三百次。大家能做到嗎？」

弟子們疑惑地問說：「為什麼要做這樣的事？」

禪師說：「做完了這件事，一年之後你們就知道如何能成功了！」

弟子們心想：「這麼簡單的事，有什麼做不到的？」

一個月之後，禪師問弟子們：「我讓你們做的事，有誰堅持做了？」大部分的人都驕傲地說：「我做了！」禪師滿意地點點頭說：「好！」

又過了一個月，禪師又問：「現在有多少人堅持著？」結果只有一半的人說：「我做了！」一年過後，禪師再次問大家：「請告訴我，最簡單的甩手運動，還有幾個人堅持著？」這時，只有一人驕傲地說：「師父，我做了！」

禪師把弟子們都叫到跟前，對他們說：「我曾經說過，做完這件事，你們就知道如何能成功了。現在我想要告訴你們，世間最容易的事常常也是最難做的事，最難的事也是最容易的事。說它容易，是因為只要願意做，人人都能做到；說它難，是因為真正能做到並持之以恆的，終究只是極少數的人。」

後來一直堅持做甩手運動的那個弟子成為禪師的衣缽傳人，在所有的弟子中只有他成功了！

從這個故事中不難看出，人的成長是一個漫長的較量過程，能否取得最後的勝利，不在於一時的快慢。如果你能夠在自己成長的道路上靜下心來，遇到困難不氣餒、不灰心，矢志不移地前進，那麼你必將獲得最後的勝利。

從古至今，所有追求成功的人都必然付出長久的努力，漢朝的董仲舒，青年時代立志向學，三年不窺園，終於成為一代名儒學者；晉朝王羲之，臨池磨硯，寫完一缸水，終於成為曠古書法大家。世上無難事，只怕有心人，持之以恆，便沒有爬不上的高峰，也沒有躍不過的溝坎。

第一輯

一念之間

星雲大師的人生開示

「世界上什麼人都可能辜負我們，唯有因果是不會辜負我們。」

「一沙一世界，一葉一菩提」，生命的收與放本質都是一樣的。

國家圖書館出版品預行編目資料

一念之間. 2 : 星雲大師的成功開示 / 胡可瑜著.
-- 初版. -- 臺北市 : 種籽文化, 2019.08
面 ; 公分
ISBN 978-986-97207-7-9(平裝)

1.佛教修持 2.人生哲學

225.87 108011926

小草系列 25

一念之間(II)：星雲大師的成功開示

作者/胡可瑜
發行人/鍾文宏
編輯/ 種籽編輯部
美編/陳子文
行政/陳金枝

出版者/種籽文化事業有限公司
出版登記/行政院新聞局局版北市業字第1449號
發行部/台北市虎林街46巷35號1樓
電話/02-27685812-3傳真/02-27685811
e-mail/seed3@ms47.hinet.net

印刷/久裕印刷事業股份有限公司
製版/全印排版科技股份有限公司
總經銷/知遠文化事業有限公司
住址/新北市深坑區北深路3段155巷25號5樓
電話/02-26648800傳真/02-26640490
網址:http://www.booknews.com.tw(博訊書網)

出版日期/2019年08月 初版一刷
郵政劃撥/19221780戶名:種籽文化事業有限公司
◎劃撥金額900(含)元以上者，郵資免費。
◎劃撥金額900元以下者，若訂購一本請外加郵資60元；
劃撥二本以上，請外加80元

定價:230元

【如有缺頁、誤裝，請寄回更換，謝謝。】版權所有・翻印必究

種籽文化

種籽文化